NOEMÍ
@noemimisma

el arte de no encajar

**LO QUE PASA CUANDO
EL AUTISMO LLEGA A CASA**

Grijalbo

A Mateo y Manuela, por enseñarme a ver un mundo diferente

Papel certificado por el Forest Stewardship Council®

Primera edición: marzo de 2023

© 2023, Noemí Navarro
© 2023, Penguin Random House Grupo Editorial, S. A. U.
Travessera de Gràcia, 47-49. 08021 Barcelona
Dirección, entrevistas, diseño de portada e ilustraciones de Rafael Peralta

Penguin Random House Grupo Editorial apoya la protección del *copyright*. El *copyright* estimula la creatividad, defiende la diversidad en el ámbito de las ideas y el conocimiento, promueve la libre expresión y favorece una cultura viva. Gracias por comprar una edición autorizada de este libro y por respetar las leyes del *copyright* al no reproducir, escanear ni distribuir ninguna parte de esta obra por ningún medio sin permiso. Al hacerlo está respaldando a los autores y permitiendo que PRHGE continúe publicando libros para todos los lectores. Diríjase a CEDRO (Centro Español de Derechos Reprográficos, http://www.cedro.org) si necesita fotocopiar o escanear algún fragmento de esta obra.

Printed in Spain – Impreso en España

ISBN: 978-84-253-6436-5
Depósito legal: B-840-2023

Compuesto en La Letra, S. L.
Impreso en Gómez Aparicio, S. L.
Casarrubuelos (Madrid)

GR 6 4 3 6 5

ÍNDICE

PRÓLOGOS 5
INTRODUCCIÓN: UNA VIDA PLENA 11
1. ANTES 21
2. DIAGNÓSTICO 41
3. TEA 59
4. MATEO 73
5. NOEMÍ 95
6. LA OTRA NOEMÍ 113
7. EL ENTORNO 139
8. LA PAREJA 163
9. MANUELA 175
10. RUTINAS 199
11. PALABRAS 219
12. *INFLUENCER* 235

CONCLUSIÓN 256
AGRADECIMIENTOS 258
GLOSARIO 260
BIBLIOGRAFÍA 269

ÍNDICE

PRÓLOGO 5
INTRODUCCIÓN. UNA VIDA PLENA 11
1. ANTES 21
2. DIAGNÓSTICO 41
3. ISEI 59
4. HÁBITO 73
5. NOEMÍ 95
6. LA OTRA NOEMÍ 113
7. EL ENTORNO 135
8. LA PAREJA 163
9. MANUELA 175
10. RUTINAS 199
11. PALABRAS 219
12. INTELIGENCIA 235
CONCLUSIÓN 253
AGRADECIMIENTOS 258
GLOSARIO 261
BIBLIOGRAFÍA 269

PRÓLOGOS

La mirada realista de una mujer y madre que vive el autismo en primera persona, y que decide compartir su experiencia mostrándonos que no encajar puede ser liberador y un camino para construir un mundo inclusivo.

Necesitamos más historias como esta, que exploren el autismo desde una perspectiva menos clínica y más humana, y que nos inspiren a reconocernos como seres diversos, a vivir desde la autenticidad y a respetar y valorar la diferencia.

PILAR LONDOÑO
@CASAZULCOLOMBIA

Puede que alguien se pregunte qué pinta una madre de hijos neurotípicos escribiendo el prólogo del libro de Noe, madre de Mateo, diagnosticado con trastorno del espectro autista. Y a mí la pregunta se me genera a la inversa: ¿no es cierto que las familias que conviven con esta condición necesariamente han transitado ya por un peregrinaje de profesionales e investigación? En ese sentido, quien peca de ignorante, probablemente, sea yo.

Sin embargo, uno de cada cien niños en este país nace con autismo. Es una cifra muy alta. Coincidiremos en que todos conocemos algún caso cercano: compañeros de colegio, el vecino o un atleta del equipo contrario. Informarse se convierte casi en una cuestión de responsabilidad social porque bastante lastre acarrean solo con prejuicios. ¿Existe regalo más bonito que educarnos para fomentar la inclusión?

Todos deseamos lo mejor para nuestros hijos… ¡y la familia de Mateo puede ofrecerle unas herramientas maravillosas para ayudarle con sus dificultades! Aunque poco lograrán sin el sostén de un entorno informado. Gracias a la divulgación de estas páginas, procuraremos avisarle de un peligro, bajaremos nuestros decibelios para no alterar su hipersensibilidad o sabremos aplicar la paciencia cuando se muestre distraído. Mateo tiene unas características especiales y ser conscientes de ellas nos libera de juicios y nos acerca a un mundo más humano.

¡Menuda lección de superación, Noe! Dices que asumes con suerte ser una madre TEA y tienes razón: ser único no es una desventaja, es identidad, y quererla, un asunto de todos.

Normalizar parte de visibilizar. He aprendido que años de películas y medios sensacionalistas nos habían llevado a entender el autismo como una discapacidad. Pero se trata de una infinita paleta de colores: del rojo al azul, del negro al blanco o del amarillo al verde, el espectro se presenta con una gran diversidad. No existe una definición universal. Y recibirlo como tal significa plantar la primera semillita de la empatía.

Por mi parte, me comprometo a transmitir tu sabiduría a las nuevas generaciones y recomendaré estas páginas a todos los lectores.

Y a ti, madre TEA, que estás leyendo su experiencia: ¡felicidades! Te sentirás identificada y un poquito más acompañada.

ESTEFANÍA UNZU
@VERDELISS

Compañía, abrazos cercanos –aunque sea desde la distancia–, comprensión y validación; eso era lo que yo necesitaba y lo que encontré escuchando y aprendiendo de las historias de otras madres y familias que ya habían transitado un camino similar al que yo estaba comenzando.

Quienes me hablaron desde el futuro fueron, en gran parte, esa llave para abrir las puertas blindadas de mi mente llena de prejuicios, falsas creencias y profunda ignorancia sobre una vida que luego sentiría fascinante.

Enfrentarme a una historia de maternidad distinta a la que yo había soñado estaba siendo el mayor obstáculo para apoyar a mi peque. Mis intentos por retomar el camino hacia ese sueño inicial buscando soluciones, terapias y curas era realmente el gran saboteador de mi propio proceso de aceptación y de la posibilidad de vivir nuestra vida en paz y armonía.

La espiral emocional tan intensa, desagradable, perturbadora que me robaba el sueño era previsible en un entorno como el mío, rodeada de mensajes contradictorios. Yo no sabía que lo que sentía era normal. Me sentía sola.

Que la maestra decía que había que darle tiempo, que quizá todo era por el cambio de idiomas.

Que una parte de mi familia estaba ya en duelo y la otra insistiendo en que no veían nada diferente, que me sacara ese *cuento* de la cabeza, que mi hijo Tavi *estaba bien*.

Que la espera de un diagnóstico certero era eterna y que todo eso se sentía muy nublado y confuso.

Me debatía entre la esperanza de que todo pasaría rápido, que fuera una *falsa alarma*, que ganaran los incrédulos y los que no entendían las sospechas, y el miedo de que sí, que todo fuera cierto, que mi hijo tuviera autismo, una *discapacidad*, y que eso limitara su vida.

Ese combate emocional constante me derrumbaba, me robaba mi tiempo, mi energía, mi foco.

En esa etapa que sentí infinita llegó la luz a mi vida a través de ellas: las mamás que ya lo habían pasado y que me dijeron: «Te entiendo, es habitual que sea así», «Te acompaño, las cosas se irán aclarando poco a poco», «Te abrazo. Yo estoy mejor ahora, pero lo pasé fatal», «Te veo. Yo también lo viví, también veía el autismo como una catástrofe, un problema que resolver, una tragedia familiar. Te prometo que encontrarás la paz y podrás vivir la magia detrás de esas mentes maravillosas».

Me sentaba tan bien oírlas, y era por algo que más tarde entendí: ya no me sentía sola. Ya me había quitado gran parte del peso de encima, ya no estaba mal.

El camino de la maternidad neurodivergente está lleno de juicios y miradas implacables desde el desconocimiento, y de mensajes que no parecen tener un hilo conductor coherente: todo cambia cada día y nunca parece llegar una verdad que desempañe nuestras gafas, y eso hace de este camino un lugar increíblemente solitario. La soledad se convierte en el mayor de los problemas, la soledad es la gasolina que impide que ese incendio de incertidumbre se apague.

Nunca serán demasiadas las historias, nunca estaremos saturados de experiencias de vida de quienes pueden guiarnos.

Los relatos de madres en primera persona son un vehículo para encontrar paz mientras estudiamos, aprendemos y comprendemos el autismo de nuestros hijos y los acompañamos de cerca en su desarrollo. Esas experiencias de otras madres me regalaron la paz de saber que no estaba loca, que no me estaba ahogando en un vaso de agua, que no estaba viendo cosas inexistentes producto de mi imaginación, que era natural debatirme entre la esperanza y el miedo, y eso, justamente eso, fue el inicio de mi recuperación cuando no tenía ni idea de que estaba experimentando una profunda depresión.

Contemos historias.

Contemos con nosotras.

Abracémonos en la distancia.

Ese es el verdadero inicio de todo.

Gracias, Noemí, por compartirnos tu verdad, tu relato, tu visión de la vida ahora que convives con el autismo. Una realidad ni más ni menos valiosa, simplemente diferente.

NATALIA SÁNCHEZ DE LEÓN
@CRECER_CONTIGO

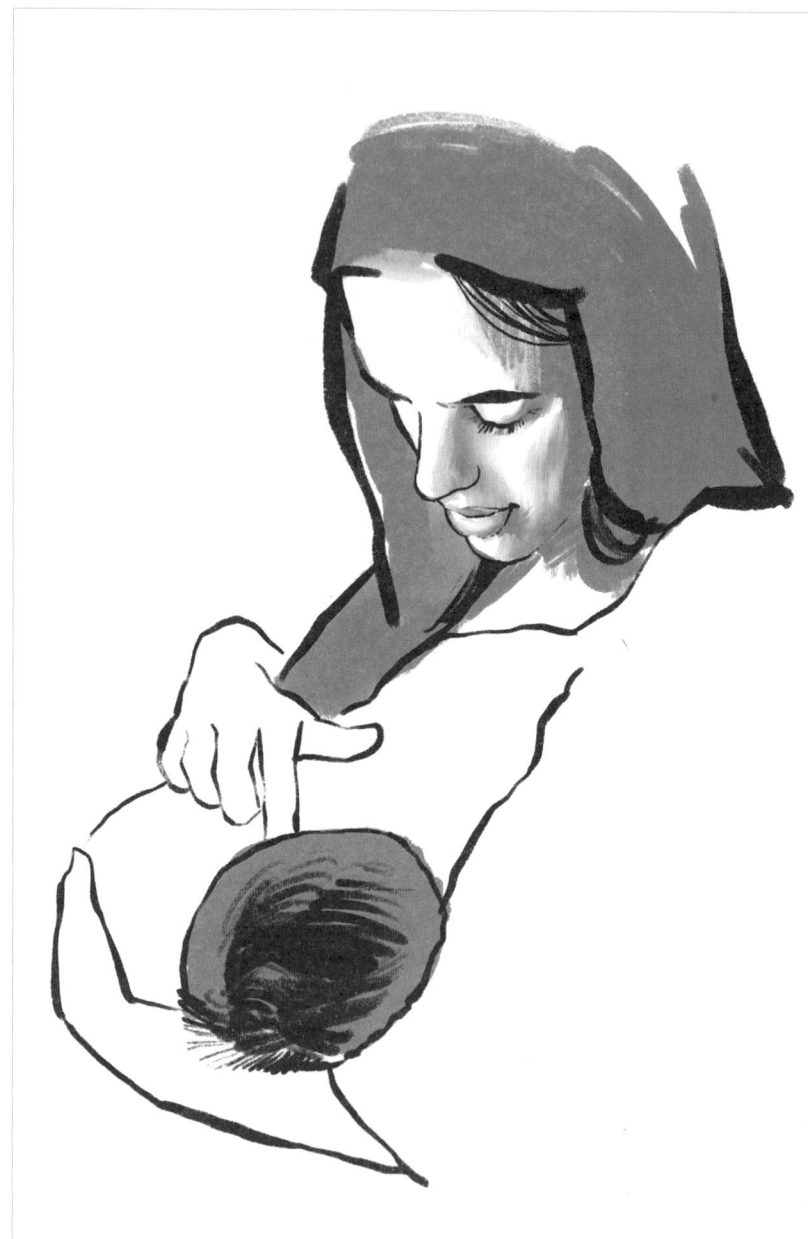

INTRODUCCIÓN: UNA VIDA PLENA

Si lo pienso, he tenido una vida más o menos corriente: nací en un barrio modesto de Alcalá de Henares, estudié en centros públicos, tuve mi grupo de amigas de toda la vida, me gradué en Empresariales en la Universidad de Alcalá de Henares, empecé a trabajar, me compré una casa y, al cabo de un tiempo, decidí tener hijos junto con mi pareja. Tras un embarazo como el de cualquier madre primeriza y un parto complicado, Mateo llegó a nuestra vida. Cuando acabé mi corta baja maternal (tan corta como la del resto de las mamás), mi hijo comenzó a asistir a la escuela infantil. Un poco más de año y medio después llegó mi hija, pero ya durante los meses de gestación de Manuela empezamos a percibir señales de que el desarrollo de mi primer hijo no se correspondía con todos los hitos que marcaban los libros y artículos de los que me había empapado durante aquel primer embarazo.

El pediatra nos lo confirmó: presentaba un retraso madurativo y su desarrollo era una incógnita. Incluso recuerdo haber preguntado cuánto tiempo duraría esa situación... ¡Qué falta de información manejaba por entonces! El shock fue enorme para todos los miembros de la familia, pero tampoco sabía muy bien qué debía sentir ni qué preguntar ni siquiera qué hacer a partir de ese momento. Recuerdo los sentimientos de tristeza, de incertidumbre, la impotencia por no haber podido proteger a mi hijo de lo que estuviera por llegar y, a la vez, sentía dentro de mí que no quería estar así. Quería hacer algo por mi hijo, quería ayudarle, pero no tenía ni idea de cómo hacerlo. Y así empezó un peregrinaje por todo tipo de médicos y especialistas que solo añadían más incertidumbre y miedo, y que siempre acababan en torno al mismo tipo de diagnóstico. Sobrevolaba la sensación de que ocurría algo más y fue entonces cuando vi por primera vez la palabra «autismo» escrita en los informes. A partir de ese momento, todo cambió: mi vida, la de mi hijo y la de toda la familia se había salido de lo ordinario.

Cuando te ves inmersa en una situación que no esperas y que está tan alejada de la imagen idealizada y –esperada– de la maternidad, algo se remueve en ti. Ante algo así, se activa un proceso interno que examina muchos aspectos de ti misma. En este caso, cuesta mucho asimilar que esto no es como un hueso roto que necesita ser escayolado durante dos meses. No. No se parece a nada que pueda tratarse y curarse definitivamente. No es un accidente ni una enfermedad. Es una condición de por vida que afecta a lo que más quieres y que quisieras haber previsto, pero resulta imposible de evitar.

Supongo que, como la mayoría de las personas que no han pasado previamente por ninguna dificultad semejante, yo nunca me había planteado qué pasaría si tuviera hijos con necesidades especiales. Solo cuando la realidad te toma la delantera te das cuenta de que te toca trabajar con ella. La manera de hacerlo depende del tipo de persona que seas, desde luego, pero desde mi punto de vista no existe más camino que el de plantar cara y actuar. Tampoco creo que actuar rápido desde la supermotivación y convertirte en un abanderado del caso sea una buena alternativa. Tampoco funciona el positivismo tóxico ni lo que te digan los demás. Es un proceso interno como madre, como padre y como familia y, aunque todos podemos tener días buenos y días malos, en mi opinión, quedarse en la cama bloqueado no es una opción. Llorar sí. Puedes llorar. He llorado muchísimo durante todo el proceso, a medida que iba entendiendo a qué dificultades nos enfrentábamos y lidiando con muchísimos miedos que, querida/querido, te adelanto que nunca jamás desaparecen, por muy claro que lo tengas todo. Sin embargo, si algo ha marcado todo mi camino hasta aquí ha sido el hecho de intentar mantener cierta estabilidad basada en la positividad y en el aprendizaje constantes. Todos los días son una buena ocasión para reconocer que no sé algo, pararme a respirar y decirme: «Vamos a aprender esto nuevo que ha llegado y vamos a aplicarlo de la mejor manera posible». Y créeme que siempre te seguirás preguntando: «¿Lo estoy haciendo bien?». Y ante eso, puedo decirte que tu instinto nunca falla.

Después del primer impacto, la clave está en por dónde se empieza. En mi caso, la primera pista del camino que seguir me la dio una persona de una generosidad infinita, madre de una niña con unas necesidades especiales que no tienen nada que ver con el autismo, que, sin pedírselo, me ofreció un acompañamiento de un valor incalculable. Estoy muy agradecida a Teresa por su cariño y sus mensajes. Los recuerdo todos. La conocí a través de amigas en común y cuando nuestras sospechas fueron confirmadas respecto al diagnóstico de Mateo, quiso compartir conmigo cómo se sintió con el diagnóstico de su hija. Me ayudó tantísimo que me contara qué hizo para sobreponerse a las dificultades y salir adelante... Yo no tenía a nadie cerca, ni amigas ni familiares ni conocidos que estuvieran pasando por una situación similar y sentía que realmente nadie me comprendería ni me entendería realmente, por lo que Teresa se convirtió en mi gran acompañante durante la primera parte del proceso.

En ese momento, cuando yo recibí el shock inicial, no existía nada parecido a un movimiento de concienciación que diera visibilidad al autismo. Sí había personas que de forma individual se esforzaban en hacerlo, pero no un movimiento consolidado que ayudara a las familias a salir de su desamparo. Además, como suele ocurrir, al principio vivimos la situación con mucho hermetismo. No queríamos que saliera de casa. Estábamos seguros de que sabríamos *solucionarlo* en un par de años, pero, naturalmente, no fue así. No es así. Con el paso del tiempo puedo afirmar que callarse, silenciarlo, darle vueltas en soledad es un error. Yo cometí ese error por miedo a la etiqueta, a que mi hijo fuera señalado, estigmatizado... ¡Qué equivocada estaba! Pasé años encerrada en ese temor pensando que con el silencio le protegía, cuando lo cierto es que no abrirnos a explicar su condición provocaba que la gente no supiera cómo acercarse a él, cómo tratarlo, e incluso que, por desconocimiento, los demás tampoco pudieran educar a sus propios hijos en la inclusión.

Ese es el miedo que nace del desconocimiento. En general, cuando la gente piensa en alguien con autismo, tiene en mente a un niño o a un adulto con rasgos autistas muy severos. Y no es así. El espectro recoge una escala de grises infinita y se representa de tantas formas como personas hay en el mundo. Por eso es tan difícil delimitarlo o determinar unos rasgos de comportamiento específicos. Si lo piensas, nadie es igual que nadie y por eso tampoco hay dos personas con autismo iguales.

Ir comprendiendo poco a poco qué era el autismo y cómo tratarlo, además de ser consciente de todo ello, me ayudó a cambiar mi forma de gestionarlo. Saber por qué Mateo tiene ese comportamiento, por qué actúa como lo hace, conocer sus predisposiciones, hace que yo pueda abordarlo mejor, que los padres y madres de su entorno le entiendan y que su integración sea mucho más fácil. De verdad, esa es la perspectiva en la que hay que situarse, y puedo afirmar que realmente no es tan difícil como parece. Cuando por fin hice ese clic, estaba inmersa en un cambio de contenido en las redes. Hasta entonces había tenido un perfil muy enfocado en la maternidad y quise darle un giro. Cada vez que me llegaba alguna noticia sobre autismo me moría de ganas de darle espacio, de compartirla, de exponer mi opinión; sin embargo, no lo hacía porque aún era pronto para mí. Solo de pensar en hablar sobre el tema se me hacía un nudo en la garganta y se me quebraba la voz. La contradicción estaba servida: por un lado, necesitaba abrirme, expresarme y contar lo que estaba viviendo, y, por el otro, sentía que el porcentaje de exposición de los niños en mis historias tenía que bajar drásticamente y, sobre todo, protegerlos. Pasé un año y medio en esa dicotomía hasta que llegó la pandemia y con ella, una llamada decisiva.

El 2 de abril es el día del autismo y a raíz de un tuit que Borja, el papá de Mateo, había publicado a propósito de la efeméride, en el que mencionaba a Carlos Herrera, le contactaron de la radio para preguntarle si quería entrar en antena y hablar de nuestro hijo. Accedimos. Esa misma noche publiqué un vídeo en Instagram en el que contaba la condición de Mateo.

Han pasado cinco años desde aquel primer diagnóstico y hoy puedo decir que tengo una vida asentada. Soy consciente de que el proceso de nuestro hijo requiere ir incorporando cambios, nuevas medidas y consideraciones, pero lo tengo asumido y esto me reporta una gran serenidad. Pese a la incertidumbre a la que nos aboca el autismo de cara al futuro, pese a no saber realmente por dónde va a encaminarse el desarrollo de mi hijo, hay un poso de estabilidad. Créeme, la incertidumbre es inherente a la maternidad, y te acompaña tanto si tienes hijos **neurodiversos** como si son **neurotípicos**.* Quizá la diferencia que más he acusado ha sido que la maternidad neurodiversa te invita a marcarte objetivos a corto plazo. No tiene sentido pensar qué será de él más allá de unos pocos meses. ¿Hablará? ¿Se expresará? ¿Comprenderá? ¿Aprenderá a coger un lápiz? Sin embargo, mantener la calma y vivir muy en el día a día me ayuda a afrontar cada desafío y celebrar cada pequeño logro.

Y es que hay una gran diferencia entre la aceptación y la resignación. Aceptar contribuye a seguir adelante, a tomar partido, emprender acciones y ponerte manos a la obra para ayudar a tu hijo. Resignarse solo paraliza y te hunde en el pesimismo. He integrado nuestra nueva realidad y estoy serena para seguir levantándome cada día, encontrarme con las dificultades a las que tenga que hacer frente y saber que nos pondremos manos a la obra para ayudar a Mateo en todo lo que podamos, hasta el último aliento.

Estos años han sido una historia de altibajos hasta llegar a entender que mi vida es distinta a la que me había imaginado, pero también es maravillosa. Y esta es una afirmación que puedo expresar sin pena. Vivimos en un cierto caos para todo lo que con-

---

* A lo largo del texto aparecen algunos términos más o menos técnicos que destacamos en negrita la primera vez que se mencionan. El lector los encontrará definidos en el glosario incluido al final del libro.

cierne al proceso de desarrollo de Mateo, pero también trabajamos todos los días para que nuestra circunstancia sea lo más ordenada posible.

Soy, pues, muy consciente de las dificultades del proceso y por eso me parece muy importante compartir en primera persona mis vivencias como madre de un hijo autista. De ahí que desde hace un tiempo me rondara la idea de escribir un libro. Una obra que mostrara de forma muy directa cómo se siente una madre desde el momento en que recibe el diagnóstico que le confirma que su hijo o hija es autista y pasa por el duelo que supone la noticia hasta que vuelve a ser ella misma o renace en una nueva perspectiva. Quiero abordar un tema complejo y delicado, y compartir mi experiencia porque es lo que a mí me hubiera encantado encontrar: la voz de alguien que hubiera experimentado algo parecido. No conté con ningún libro en el que apoyarme, que me ayudara, que me orientara o relajara en ningún sentido.

Hay mucha información en portales, perfiles y artículos. Así que pensé en ordenar toda esa información desde mi experiencia, hacerla clara y comprensible para que quien la necesite no tenga que transitar por todos los lugares por los que yo tuve que navegar y que descubrí a solas. Estoy segura de que también habrá muchísimas personas en circunstancias muy distintas a la mía, profesores, familiares y profesionales cercanos al autismo, a las que les interesará saber por lo que pueden estar pasando estas madres o estos padres. Así que quiero usar mi experiencia, mi voz y mi testimonio para ilustrar esas vivencias y que así también una tía, una hermana, una prima o cualquier allegado de una madre o un padre con un hijo autista sepa qué está ocurriendo, cómo se puede estar sintiendo quien lo vive, a qué se está enfrentando realmente. Las personas cercanas a esos padres y esos hijos, así como el personal docente, necesitan saber qué procesos tienen lugar, las fases que están atravesando, y, de este modo, en lugar de andar tirando de una misma cuerda en sentidos opuestos y generar una tensión innecesaria y nociva, favorecer el acompañamiento. Un acompañamiento que ese padre y también ese niño acabarán agradeciendo enormemente.

Este libro nace, así, para acompañar, pero también por empatía. Porque un simple testimonio puede marcar una diferencia y convertirse en el sostén que otro necesita. Si eres madre o padre de un niño o una niña con autismo y me estás leyendo, lo primero que quiero es darte una cálida bienvenida, y, lo segundo, decirte claramente que el autismo no es una enfermedad, no es algo que haya que curar. Es una condición que os va a acompañar toda la vida, que va a crear escenarios muy diferentes a los que esperabas –algunos difíciles, pero muchos de ellos realmente preciosos– y que va a requerir de ti determinación para que cada día se llene de recursos y herramientas que hagan de la vida de ambos una vida plena. Habrá días en los que flaquees, en los que sientas que la situación te asusta o te supera, pero entonces recuerda que merece la pena seguir adelante. Ser madre o padre de un niño o una niña con autismo no va a hacer que pierdas tu vida, no vas a tener que renunciar a divertirte, a salir con amigos, a conocer gente, a hacer planes, a hacer deporte... Tu vida va a continuar. Yo sigo haciendo las cosas que me gustan, tuve otra hija, conseguí acabar una maratón y no solo seguí trabajando, sino que además encontré una profesión que me apasiona y que me permite conciliar mucho mejor la vida profesional con la familiar.

Si estás en esta situación, lee: tranquila, tranquilo, porque tu vida continúa con toda la riqueza del mundo. Es cierto que hay autismos muy difíciles, autismos que cambian radicalmente la vida a una familia, pero incluso en esos casos más duros, sentirás que vamos por buen camino. Debemos visibilizarlo y conseguir que se entienda, normalizar la diferencia. Todos somos diferentes. Los autistas y sus madres y padres simplemente vivimos una condición distinta a la del resto.

La sociedad crece, aprende, se adapta y nos abraza cada día un poco más para que nadie sienta que necesita renunciar a su vida. Y no es que un diagnóstico así no te cambie la vida: claro que te la cambia, pero, de hecho, la vida nos cambia, o nos puede cambiar, a todos constantemente, con o sin autismo. La cuestión es darse cuenta de que hay lugar para seguir viviendo con tranquilidad.

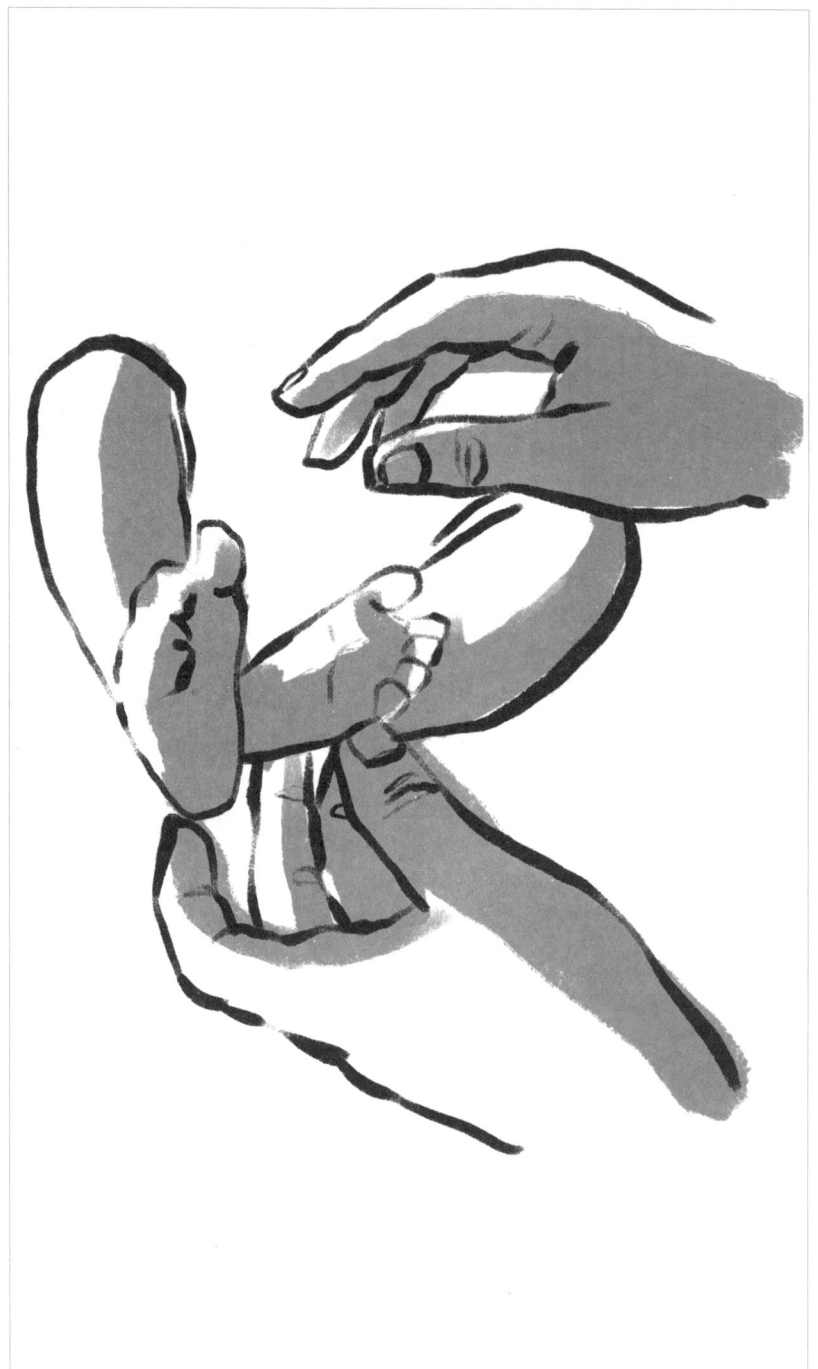

1
ANTES

P: **Empecemos por el principio. Una vez me dijiste que el autismo no se puede diagnosticar antes del nacimiento, que no hay nada en un embarazo que pueda dar pistas o pueda anticipar absolutamente nada en ese sentido.**

N: Hoy por hoy, esa es la realidad. Yo tuve un embarazo de lo más común, con todas sus revisiones, y nada señaló la posibilidad de ningún rasgo diferente. En comparación con otros aspectos del autismo, el de la genética no ha revelado lo suficiente para lograr una detección precoz. A diferencia del síndrome de Down, el síndrome de Williams u otras realidades en las que viven algunas familias, que sí cuentan con una serie de indicadores y pruebas que permiten su detección en fases muy tempranas del embarazo –no solo disponemos de datos estadísticos fiables y pruebas específicas, sino que se conoce qué es lo que provoca el trastorno genético en sí–, no hay factores genéticos que nos permitan anticipar durante el embarazo ningún caso de autismo. Sin embargo, sé que se están llevando a cabo muchísimas investigaciones en esta línea.

P: Es decir, que tanto el embarazo como el nacimiento de Mateo se produjeron sin sospecha alguna de que pudiera tener autismo.

N: Diría que tuve un embarazo y un parto muy corrientes. Fue por cesárea, una cesárea que sigo sin terminar de entender, eso sí. El día que se cumplía la semana treinta y nueve, me acosté por la noche y hacia las seis de la mañana me di cuenta de que acababa de romper aguas mientras dormía. Estaba más o menos tranquila, pero cuando me levanté sentí un torrente de líquido derramándose. Cogimos el coche y nos fuimos al hospital.

Al llegar me confirmaron que había roto la bolsa, pero no había empezado a dilatar y debía quedarme ya ingresada. Tres horas después del ingreso me pusieron Propess®, una especie de tampón que se introduce en el cuello del útero y acelera el proceso de dilatación. Me dijeron que me lo dejarían durante dos horas y que quizá aún tardaría otras seis o siete en comenzar el trabajo de parto. Pasados exactamente quince minutos, empecé a tener contracciones muy fuertes y les pedí que me lo quitaran. Cuando llegué a los tres centímetros de dilatación (tan solo habían transcurrido cuarenta y cinco minutos), el dolor seguía aumentando y pedí la epidural. Me dolía muchísimo.

Me han contado que cuando estaba con las contracciones emitía un sonido, un «mmm», y que me preguntaron si era un mantra. La verdad es que ni siquiera recuerdo bien el sonido [*ríe*]. Solo sé que me relajaba. En fin, me pusieron la epidural y me encontré muchísimo mejor. A eso de las ocho de la tarde, apareció mi ginecóloga y me dijo que le quedaban algunas citas que pasar en la consulta, que el niño estaba muy arriba todavía y que me tumbara boca abajo para ayudar al bebé a darse la vuelta y que su cabeza se colocara donde tenía que estar.

Finalmente, a las once de la noche, dilatada de diez centímetros, me llevaron al paritorio, pero no dejaron entrar a Borja porque había muchas posibilidades de que fuera cesárea y en las cesáreas no está permitida la presencia de acompañantes en el quirófano. Tuve miedo de encontrarme sola.

De todas formas, estaba tan ilusionada porque por fin iba a conocer a mi hijo que cuando me empezaron a pedir que empujara lo hice con todas mis fuerzas, aunque estaba muy cansada. Llevaba diecisiete horas con contracciones y estaba realmente asustada. Una madre primeriza en toda regla.

Después de un par de empujones más, me comunicaron que me practicarían una cesárea. Yo ni repliqué. Confiaba en que los médicos sabían qué era lo mejor. En el mismo potro, me pusieron las piernas rectas, me ataron los brazos en cruz, me colocaron una tela delante y me dijeron que empezaría a notar un poquito de presión. ¿Un poquito de presión? Yo lo noté todo. Noté incluso cómo me hacían el corte y les avisé. Me anunciaron que me iban a poner algo para tranquilizarme un poco. La realidad es que me durmieron entera. Me sacaron a Mateo sin darme cuenta de nada.

Me desperté en otra habitación, sola, sin niño, sin tripa, sin nada. Probablemente haya sido uno de los momentos más traumáticos de mi vida. Me encontraba en la sala de reanimación tres horas después de la intervención y la sensación era de una soledad muy oscura.

Fui la última en conocer a Mateo y al recordarlo aún se me hace un nudo en la garganta. Sentía un dolor horrible tras la cesárea, pero verle fue el momento más bonito de mi vida hasta entonces. Era precioso.

P: ¿Hay alguna razón que te lleve a pensar que algo del parto pudo incidir en el diagnóstico?

N: No está confirmado, pero hay estudios que relacionan el aumento de las cesáreas con el aumento de los casos de autismo. Sostienen que, cuando se practica una cesárea, se trunca una serie de procesos hormonales y de conexiones neuronales que se suelen producir en el momento del parto entre el cerebro de la madre y el del bebé. También se está estudiando la posibilidad de que algunos bebés tengan una predisposición genética al autismo, y que este tipo de alumbramientos dispare las posibilidades de que lo desarrollen. De todas formas, eso son todo teorías y conjeturas que, por ahora, no están demostradas. No quiero inducir a nadie a pensar que una cesárea aumente las posibilidades de un diagnóstico **TEA**. Son solo estudios.

P: Impresiona darse cuenta de que en pleno siglo XXI sigue habiendo tantas carencias en el conocimiento de asuntos de gran importancia, ver que hay muchas lagunas en un acontecimiento tan elemental y primario como es parir. Y con el autismo, por lo que cuentas, sucede lo mismo. ¿Cuáles son las primeras señales que se manifiestan en el niño con autismo?

N: El autismo es un gran impostor durante el primer año de vida en muchos niños. Así fue con Mateo. Durante ese periodo todo siguió el curso habitual, con sus revisiones mensuales, sus vacunas y demás. Se desarrollaba de acuerdo con los hitos esperados en un bebé. Se reía conmigo, comía superbién, empezaba a pronunciar sus primeras palabras y a gatear, y posteriormente a andar.

En torno a los dieciocho meses, las neuronas que deben desarrollarse y unirse para desplegar la comunicación y las relaciones sociales no lo hacen, y entonces parece activarse un retroceso en el desarrollo del niño. Muchas cosas aprendidas desaparecen. Y eso fue justo lo que nos pasó. La alerta nos vino de su profesora en la escuela infantil, que nos comentó que quizá Mateo tenía algún problema de audición porque cuando lo llamaba por su nombre él no se giraba. Yo, sinceramente, me enfadé. A pesar de que nos lo transmitió con muchísima delicadeza, pensé que algo le pasaba a ella con mi hijo, incluso que le tenía manía, y que él estaba perfectamente. Ahora sé que aquello era el inicio del protocolo que conduce a un diagnóstico de autismo.

P: ¿Por qué piensas que reaccionaste así?

N: Me pareció un juicio prematuro, pero ahora soy consciente de que esta no es una información que se dé a la ligera y que seguramente su maestra ya había detectado otros indicios en él. Según he podido saber después, cuando se presentan dificultades, primero hay que descartar la presencia de un impedimento físico como, por ejemplo, en este caso, un tapón en el oído o sordera.

Le hicimos unas pruebas de audición y todos los resultados salieron dentro de los parámetros normales. No le sometimos a la de **potencial evocado**, porque tenían que sedarle y eso me aterraba. Y es que estaba segura de que Mateo podía oír bien. ¿Cómo lo sabía? Porque ya gateaba, y cuando oía la sintonía de sus dibujos preferidos en la televisión, se desplazaba desde el sitio de la casa en el que se encontrara en ese momento hasta el comedor para verlos. Sabía que respondía perfectamente a los sonidos. Al menos a los que a él le interesaban.

P: ¿Considerabas que era una bobada de la profesora?

N: Absolutamente. Pero ahora estoy TREMENDAMENTE agradecida a Marina y a Nayra, que fueron las primeras en detectar que algo le pasaba a Mateo cuando tenía diecisiete meses, porque verlo tan pronto es vital. Por eso quiero recomendar a los padres que escuchen a los profesionales que están con sus hijos. Para ellos es muy difícil comunicar una noticia así a una familia y, si lo hacen, es que ya han confirmado muchas de sus conjeturas. Es un error pensar que tienen algo en su contra. Al contrario: lo único que pretenden es ayudar en todo lo posible.

Recibo muchísimos mensajes a través de Instagram de profesores que, después de transmitir una noticia similar a padres y madres, se han encontrado en situaciones muy complicadas porque estos no lo aceptan. Así que mi consejo es recibirla con calma y paciencia, y no tomarla con los profesores, porque ellos probablemente solo quieren ayudar.

Prosigo. Un mes después de las pruebas de audición, llega la sospecha de que puede tener un problema en la vista porque, cuando su profesora lo llama, parece que no se centra, que no la mira a los ojos. Me cuenta que han intentado hacerle fotos para la orla, pero no hay manera de que mire a cámara.

Me volví a enfadar y, de nuevo, pensé que le tenían manía a mi hijo... Aun así, le llevamos al oculista. Le hicieron pruebas y nos confirmaron que el niño veía estupendamente.

Pasa el verano y llegamos a septiembre de 2017. Mateo vuelve a la escuela infantil, y el segundo día de curso me llama Marina para decirme, con sutilidad y delicadeza –no me puedo ni imaginar lo que debía de sentir al darnos la noticia–, que le parece que el niño tiene un problema de comunicación y que le gustaría que lo vieran en **Atención Temprana**. Era la primera vez en mi vida que oía hablar de ese organismo que nos ha acompañado durante estos seis primeros años de Mateo. Resumiendo, se trata de un departamento al que se puede asistir cuando se detectan señales de un desarrollo fuera del típico en los peques, ya sea por comunicación, motricidad o **retraso madurativo**.

P: ¿Atención temprana dentro de la propia escuela?

N: No, no es un servicio propio de cada escuela. Suelen ser centros organizados por zonas geográficas. Casualmente, nosotros contábamos con uno en el edificio contiguo al de la escuela, así que para ellos es muy accesible. Lo que no sabíamos es que ya habían pasado a valorar a Mateo, a petición de su maestra, una semana antes de reunirnos con ellos.

P: ¿Crees que hicieron bien? ¿Crees que es correcto dar ese paso sin avisar antes a los padres?

N: Sí, necesitan estar más o menos seguros de que algo ocurre antes de llamar a los padres. No es una noticia o una información que se pueda dar a la ligera. Imagino que acuden al aula para hacer una valoración *superficial* y confirmar o desestimar las sospechas. Atención Temprana tiene un conocimiento profundo de niños con necesidades porque es su trabajo diario, y es normal que tengan que cerciorarse antes de trasladárselo a las familias.

Recuerdo que nos reunimos con Atención Temprana una mañana de octubre de 2017. Había tres personas: la **logopeda**, la **maestra de pedagogía terapéutica (PT)** y el coordinador de la zona. Empezaron por hablarnos del desarrollo de los niños en general y después se centraron en el caso de Mateo. Ahí fue cuando apareció por primera vez la expresión retraso madurativo. Nos hablaron con mucho cariño y delicadeza, y nos pidieron que no nos alertáramos. ¡¿Que no nos alertáramos?! Me acuerdo de que las palabras «retraso madurativo» las oí envueltas en un pitido y que, un segundo después, estaba en el suelo. Estaba embarazada de mi segunda hija y al escuchar la noticia me desmayé.

P: ¿Por qué te desmayaste?

N: Me impresionó mucho que le ocurriera algo a Mateo. Mi mente colapsó, me dije que no podía estar pasándole nada... «Retraso madurativo» resonaba en mi cabeza. Nos advirtieron que habían notado algunas señales *representativas* en Mateo: falta de interés por los demás, déficit de juego simbólico..., una serie de conductas y maneras que ya deberían haberse mostrado según su edad. En ningún momento hablaron de «autismo», o, si lo mencionaron, fue de forma muy vaga porque todavía era muy pequeño para poder valorarlo.

En cualquier caso, no veían acertado hacer un diagnóstico en aquel momento. Insisto en que todo el proceso siempre va acompañado de mucha precaución y nunca se aventuran a dar un paso en falso.

En el transcurso de la reunión, y una vez recuperada, nos hicieron algunas preguntas sobre Mateo que realmente correspondían a la valoración del **test M-Chat**. Esta es una de las primeras pruebas con las que te encuentras en el proceso. Consiste en contestar a preguntas muy sencillas sobre tu hijo: si te señala, si te mira a la cara, si presta atención a los demás, si empatiza... También si come y duerme bien o si padece ataques de epilepsia. Un sinfín de preguntas a las que respondí como un autómata, incapaz de entender en qué momento se había torcido todo: esa mañana había llevado a mi hijo a la escuela infantil tan tranquila y, dos horas después, me encontraba ante serias alertas sobre su desarrollo. Una vez acabado el test, y después de otra tanda de preguntas, visto el porcentaje de síes sobre noes que había en nuestras respuestas, nos pidieron el consentimiento para empezar a trabajar con Mateo.

P: ¿Os pasaron el test y al momento os dieron los resultados?

N: Sí. Creo que ellos lo tenían clarísimo. Al fin y al cabo, son muchos años viendo niños. A partir de ese momento, dentro de la propia escuela infantil, y en horario escolar, Mateo empezó a trabajar dos horas semanales de estimulación temprana y dos de **prelogopedia** –aún era pequeño para logopedia y, aunque antes de los doce meses había pronunciado algunas palabras, en esa época había dejado de hablar–. Además, adaptaron toda el aula, con el resto de los compañeros, a sus necesidades.

P: Pero ¿todavía no había un diagnóstico?

N: No, solo el de retraso madurativo. En aquella primera reunión con Atención Temprana, nos informaron de que existían ayudas públicas para que pudiera recibir apoyo de logopedia y **psicoterapia** por las tardes, además del de las mañanas. El gran problema era que tardaban mucho en concederlas, de ocho a nueve meses. Cuando hablo de ayudas, hablo de plazas para terapia, no de apoyo económico, porque de eso no hubo nada de nada. También teníamos la opción de hacerlo por privado, en cuyo caso, ellos nos aconsejaban varios centros y elegimos uno: Tándem. Recuerdo que, al salir de la reunión en la que me desmayé, nos hicieron tantas preguntas sobre mi hijo y nos explicaron los recursos que se pondrían a su disposición dentro de la escuela, que Borja y yo nos miramos y dijimos: «Vamos a visitar ese centro privado y que empiece ya». Fuimos y nos atendió otra de las personas importantes en la vida de Mateo: Curro de los Santos. Curro ha sido su terapeuta desde ese día y es nuestra referencia en el desarrollo y el trabajo con Mateo.

Así que, a la semana siguiente, Mateo estaba empezando su terapia. El centro es un gabinete muy grande con un montón de objetos para la **integración sensorial**, la estimulación y la logopedia. Su método de trabajo, centrado en la familia, nos gustó. Yo siempre he estado presente en las sesiones y eso ha sido una gran fuente de formación para mí personalmente y para saber cómo trabajar en casa.

P: En esa primera visita al centro, ¿visteis a otros niños? ¿A otras familias?

N: Apenas nos cruzamos con algún padre o madre, y con algún niño o niña. Íbamos con el piloto automático puesto. No éramos realmente conscientes de todo lo que implicaba. Yo pensaba que lo que estaba ocurriendo era transitorio, y que, si finalmente no tenía nada, tampoco le habrían venido mal esos juegos; y si había algún problema en su desarrollo, mejor haber empezado pronto. Ahora sé lo IMPORTANTE que fue haber comenzado tan pronto.

P: Tú ahora sabes cuál es el tipo de trabajo que se hace con niños autistas.

N: Ahora lo sé, sí, pero entonces no tenía ni idea. Y eso es parte del proceso.

P: ¿Hay algún otro dato que te dieran en la reunión con Atención Temprana que no hayas mencionado?

N: Realmente, después de esa reunión inicial, nos veíamos con regularidad. En una de las reuniones me dijeron que podíamos solicitar la **discapacidad** para Mateo. Escuchar esa palabra, «discapacidad», me dolió. Como le suele ocurrir a todo el mundo cuando no dispone de información, me decía que no podía ser que mi hijo fuera discapacitado. No podía ser. En mi cabeza, una persona con discapacidad distaba mucho de lo que yo veía en mi hijo. Sin embargo, reconocerlo fue importante e imprescindible para optar después a recursos que Mateo necesitaba, como el **aula TEA** en el colegio.

De nuevo les diría a los padres y madres que se enfrentan a ese trámite que se lo tomen con calma y que no lo sobredimensionen. Al principio impacta mucho. Recuerdo despertarme en mitad de la noche y no dejar de darle vueltas. Sin embargo, tu hijo no cambia; con o sin ese reconocimiento, él o ella, siguen siendo la misma persona. Hay que tomárselo como una pura gestión para ayudar a tu hijo. Aunque duele, claro que sí.

P: Entonces, ¿empezasteis enseguida a trabajar?

N: Empezamos a ir a terapia –que consistía sobre todo en jugar– los lunes y los jueves en Tándem. Mateo iba feliz, tranquilo y se lo pasaba muy bien. Nadie había mencionado aún la palabra «autismo». Empecé a investigar y a buscar información sobre las señales y las preguntas que nos habían hecho, y todo lo que encontraba apuntaba al autismo, pero supongo que no quería verlo, no quería aceptarlo.

Cuando en febrero de 2018 nació Manuela me desbordé muchísimo. Me vi con una niña con **alta demanda** y queriendo estar en casa con Mateo para potenciar todo lo que trabajaba en el centro. Había vivido la recta final de mi embarazo como una contrarreloj por la necesidad de que mis suegros y su padre aprendieran también cómo trabajar con Mateo, ya que, cuando naciera la niña, necesitaría su ayuda. Tuve un sentimiento de culpa horrible al nacer Manuela porque ya no podía ir siempre con Mateo a terapia. Además, Mateo no comprendía por qué yo tenía un bebé si ya estaba él ahí.

P: Y si habías estado investigando, ¿no te habías encontrado directamente con la palabra «autismo»?

N: Sí, pero me negaba a pensar que se tratara de eso. Creía que en algún momento se adaptaría, que tendría el mismo desarrollo que sus compañeros y que lo que estaba sucediendo se quedaría en un «bueno, le costó un poco más». Pero no, el autismo es una condición de vida. No es una enfermedad y no se cura.

P: ¿Te supuso algún problema añadido no tener un diagnóstico firme?

N: Sí. Como no lo teníamos, después de la evaluación de **CRECOVI**, que es el organismo que evalúa la discapacidad en niños entre cero y seis años en la Comunidad de Madrid, nos llegó la carta con la concesión de la discapacidad, pero solo de un veinticuatro por ciento, porque había retraso madurativo, pero no autismo. Ese porcentaje era insuficiente para pedir los recursos que necesitaría Mateo en el futuro, cuando entrara en la escuela. Todavía le quedaba un año más de escuela infantil, pero ya teníamos que ir preparando ese terreno.

P: Y eso, ¿en qué se traduce? ¿En nada? ¿Ni un euro?

N: En nada. Aquí no hay ayuda monetaria que valga. Si te conceden la dependencia, quizá, pero sin la discapacidad del treinta y tres por ciento ni siquiera podíamos acceder al carnet de familia numerosa, ni obtener los beneficios de conciliación en mi trabajo, como tardes libres o incluso la reducción de jornada sin que mi sueldo se viera afectado... Me fijé que al final de la carta, en la que dictaminaban ese veinticuatro por ciento de discapacidad, indicaban también que disponíamos de un mes para rebatir ese porcentaje; de lo contrario, no podríamos cambiar nada hasta pasados dos años. Recuerdo que acudí esa misma mañana a las oficinas de Atención Temprana y dije: «Creo que todos tenemos claro que Mateo tiene autismo».

P: ¿Cómo llegaste a esa conclusión?

N: Llevaba mucho tiempo leyendo artículos, blogs, informes... replicaba todas las alertas en Google y siempre me conducían a lo mismo. No es que te puedas fiar de Google para estas cosas, pero es que no había lugar a dudas. Cuando nos dieron el veinticuatro por ciento de discapacidad pensé que, si una organización que trabajaba día a día con mi hijo veía algo en él, debía investigar más. Recuerdo que se lo pregunté directamente a Curro un día de terapia y me lo confirmó. Mateo tenía autismo, y a ese diagnóstico sí que le correspondía una discapacidad del treinta y tres por ciento. Me ofreció la posibilidad de hacer una valoración desde el centro, con una psicóloga, a fin de poder presentar un diagnóstico en firme en CRECOVI. Posteriormente volví a dirigirme a Atención Temprana y les pedí si podían hacer ellos el informe, puesto que tenían esa información desde hacía mucho y que, en el fondo, todos sabíamos cuál era el diagnóstico. Se negaron porque, por protocolo, por ley, no podían volver a emitir un informe hasta pasado un año. Reconozco que me sentó fatal porque eso significaba que no podría volver a pedir la discapacidad hasta pasados dos años. En ese espacio de tiempo

Mateo entraría al cole y no tendría acceso al aula TEA. Era la pescadilla que se muerde la cola, pero es que así es todo el proceso todo el tiempo. Es desesperante.

P: ¿Y qué hiciste para que te lo dieran?

N: Volví a Tándem. Le hicieron pruebas y determinaron que tenía un grado de autismo de moderado a severo. En unos días podían tener listo un informe que lo certificara. Estuve dos días sola en casa redactando un recurso para presentarlo junto con el nuevo informe, en el que describí las dificultades de Mateo. Cuatro meses después de presentarlo, me llegó la respuesta: nos habían concedido la discapacidad del treinta y tres por ciento.

Esa fase fue muy dura. Conseguir el diagnóstico era un logro, pero a la vez suponía asumir que mi hijo era autista, y este es un proceso interno muy complejo. Y sucedió lo mismo con la discapacidad: estaba luchando para que mi hijo tuviera ese porcentaje, para que se reconociera que lo tenía, y, por lo tanto, que se considerara que mi hijo estaba peor de lo que se había determinado en primer lugar. Esta lucha desgasta demasiado. Yo no paraba de llorar.

P: ¿Cómo te sentías yendo a terapia con Mateo?

N: Iba tranquila porque estaba dentro del aula con él todo el rato; sabía lo que estaban haciendo. Y sabía también que luego podría replicarlo en casa y ayudarle. En algunos momentos me preguntaba si realmente todo aquello servía de algo. A veces me parecía inútil lo que hacían, porque no lo entendía: de repente, lo metían en una hamaca sensorial, luego hacía pruebas de memoria, de integración sensorial...

P: Cuando os dijeron las razones por las que era interesante que hiciera esa terapia, ¿tú reconociste alguna de ellas?

N: Sí. Aunque había muchas cosas que yo no entendía al principio y que ahora sí entiendo. Además, sé lo IMPORTANTE que es asentar bien la base para poder trabajar mejor más adelante.

P: Imagínate que te está leyendo alguien que piensa: «Estoy en ese mismo punto ahora mismo. Esta soy yo». ¿Crees que hay algo que se pueda hacer para superar el miedo que se sufre en ese estadio?

N: Siento que el miedo es una parte del proceso. Yo también he tenido miedo mucho tiempo. Es natural. Y déjame hacer un *spoiler* de la maternidad diversa: el miedo se tiene siempre. La manera de salir de ahí es dejando que pase el tiempo, dejando que la idea se vaya asentando, ir entendiendo qué está pasando, estudiar y estar informado.

P: ¿Recomiendas buscar en internet?

N: Hay que consultar con profesionales. Si tienes un terapeuta, habla con él. Cuando estás en medio de un proceso de diagnóstico, debes tener presente que hay profesionales que están trabajando contigo para tu hijo y confiar en ellos. Es una noticia que no es agradable de dar y, si te la están dando, es porque están seguros de ello y porque quieren ayudarte. Me he dado cuenta de que la gente que trabaja en estos temas tiene una sensibilidad especial. Si estás con ese miedo, es importante acudir a un psicólogo y hablar también con las personas que trabajan con tu hijo.

P: Volvamos al momento en el que Curro, en Tándem, te cuenta que tenía claro el diagnóstico. ¿Qué se te pasa por la cabeza? ¿Es la confirmación de una sospecha o todo lo contrario?

N: La conversación con Curro fue como un abrazo de «no pasa nada». Me acuerdo de sus palabras: «Tu hijo es el mismo, no cambia. Mañana, cuando se levante, va a seguir siendo la misma persona que hoy, tenga autismo o tenga lo que sea, y va a trabajar en la misma línea. Mateo es un niño superinteligente y tiene una capacidad cognitiva alta». Fue la primera vez que usó la expresión «**autismo de alto funcionamiento**» o «**TEA de alto funcionamiento**». Recuerdo que le pregunté si iba a hablar y me contestó que si me refería a hablar en general o a hablar como nosotros y que eso era muy difícil de saber. También recuerdo que dijo: «Hoy la terapia no va a ser para Mateo; hoy la terapia va a ser para ti. Tenía muchas ganas de tener esta conversación contigo». Sentí mucho cariño y acompañamiento. La resaca emocional se tradujo en tres días seguidos llorando.

P: Cuando saliste de Tándem y viste a Borja, ¿qué le dijiste?

N: Le expliqué toda esta conversación sin dejarme ni un detalle. Los dos intuíamos qué estaba pasando. Ahí fue cuando

Borja finalmente se rompió. Creo que los dos lo vivimos como un alivio. Por fin había nombre, una dirección, unos objetivos claros y mucha más información. Cuando sabes qué tiene tu hijo, puedes decirlo y puedes trabajarlo. Y hay un descanso mental, incluso corporal.

P: ¿Conoces a alguien más al que le haya pasado, que haya descansado más con el diagnóstico que con la incertidumbre?

N: Probablemente le pase a muchísimas familias. Todas las madres con quienes he hablado coinciden en esa sensación de alivio. Es un trabajo interno que lleva un tiempo, ¡ojo! *Necesitas* la confirmación de ese diagnóstico a la vez que quieres que a tu hijo no le roce ni el viento. Y en este caso no puedes hacer más que ayudar y acompañarle. El diagnóstico te cambia la vida, pero también facilita la primera parte del proceso.

2
DIAGNÓSTICO

P: Ya nos has explicado cómo llegó el diagnóstico y cómo, a pesar de ser duro, te alivió. Con él, supongo que termina una etapa, pero empieza otra. ¿Cómo dirías que fue ese cambio?

N: Realmente, las dos fases se entrecruzan. En el momento en que nos metimos de lleno en Tándem, supimos que había algo que cambiar. Sobre todo, de cara a nuestro entorno. Por dentro, nos costó más tiempo asimilarlo. Diría que no lo logré hasta que lo compartí y empecé a hablar mucho más abiertamente sobre ello, y conocí a mucha más gente, a madres, en mi misma situación. Recuerdo que esas madres me decían que no comparara a Mateo con el resto de los niños, que lo hiciera solo con él mismo, porque siempre iba a ir a otra velocidad; en unos aspectos más lento, y en otros, más rápido.

P: ¿Eso te dio bajón?

N: Para mí, lo más difícil sin duda son los temas burocráticos. Siempre termino superremovida. Cada vez que tengo que tramitar cualquier papeleo relacionado con el autismo, acabo con una gran resaca emocional. No sé si es por constatar las dificultades que hay ahí afuera o por tener que demostrar constantemente qué es lo que más nos cuesta. Todo el proceso de buscar escuela, pedir ayudas... Eso para mí fue lo más complejo. Hay tantos y tantos trámites en los que nadie te ayuda ni orienta que es desesperante.

P: A partir de que se confirma el diagnóstico, ¿hay algún cambio en tu mirada hacia Mateo?

N: Hay un cambio en mi mirada hacia la maternidad en general, que es más abierta, más amorosa, con más apego y con más respeto aún, si cabe. Con «respeto» me refiero a aceptar sus tiempos y procesos, sin más expectativas que las de su propio desarrollo, celebrando cada avance. Hay que entender e integrar que nuestros hijos antes y después del diagnóstico siguen siendo las mismas personas. Es decir, si a mí ahora me dijeran que Mateo, en vez de autismo, tiene otra dificultad, no cambiaría nada para mí porque él seguiría siendo el mismo. Hay algo que es muy interesante en el desarrollo de los peques con autismo. En el libro *El niño al que se le olvidó cómo mirar* se habla del «enigma del autismo»: durante los doce primeros meses de vida, el niño muestra un desarrollo típico y alcanza los mismos hitos que el resto de los bebés, incluso empieza a decir sus primeras palabras. Pero de los doce a los dieciocho meses aparecen los primeros fenómenos que podrían darnos la clave para detectar un trastorno del espectro autista, que tienen lugar si las neuronas encargadas de lanzar las señales de sociabilidad y comunicación, y moldear así el cerebro social, no se activan y, en consecuencia, no se manifiestan esas competencias en los peques. Así fue con Mateo. Hacia los quince meses empezó a *desaprender* aptitudes que teníamos integradas. Dejó de mirar a los ojos y de decir las palabras que había empezado a pronunciar, como «agua» o «mama». Me sorprendió que la única palabra que mantuvo siempre fue «atica», que es como llamaba a su abuela. Esto ocurrió a los quince meses. Tuvimos que esperar dos años y medio más, cuando cumplió cuatro, para poder escuchar de nuevo las primeras palabras.

P: Dices que no cambia tu mirada hacia él, ¿lo consideras una fortaleza tuya? ¿Crees que hay padres que sí cambian la percepción que tienen de sus hijos a partir del diagnóstico?

N: Para responder a esta pregunta, me gustaría hablarte de un documental sobre el campeonato mundial del cubo de Rubik, se llama *Los speedcuber* y está en Netflix. Históricamente, hay un chico australiano que gana todos los campeonatos y acumula las mejores marcas... Hasta que llega un chico y le supera. Se trata de un estadounidense cuyos padres, cuando tenía dieciocho meses, notaron que algo en su desarrollo no iba bien. Le llevaron al pediatra y, tras varias pruebas, este les dijo que tenía autismo. En el documental aparece la madre contando que para ella fue como perder a su hijo de la noche a la mañana, que todas sus expectativas y proyecciones se desvanecieron. Es parecido a lo que se describe en el libro *La chispa*, acerca de la sensación de ir con tu hijo de la mano al súper a comprar y que, de repente, te das la vuelta, miras, y ya no está. Para la madre del documental fue lo mismo, como una desaparición. Cuenta que ambos, tanto ella como el padre, se encerraron en la habitación a llorar tras recibir la noticia y que estuvieron así hasta que creyeron que habían llorado todo lo que tenían que llorar. Entonces se dio cuenta de algo en lo que estoy cien por cien de acuerdo: que no tenía que luchar para que él la entendiera, sino que debía esforzarse por entenderle ella a él. Si el niño se tumbaba en el suelo, ella le imitaba; si se ponía de cuclillas, ella también. Y de esa manera conectó con su hijo. No le forzó a hacer lo que ella esperaba de él, sino que fue ella la que se adaptó. Cuenta también que el niño tenía una atrofia en los dedos y que le hacían jugar con objetos pequeños, monedas, por ejemplo, para que mejorara la motricidad fina. Un día la madre vio un tutorial en YouTube de los cubos de Rubik y decidió comprarle uno a su hijo. Al cabo de poco, con cinco años, el niño era capaz de resolverlo en tan solo treinta segundos. El chico es un crack.

Todo esto para explicarte que hay muchas familias que cambian la mirada hacia sus hijos tras el diagnóstico. Y lo comprendo, pero lo más sano es dejar las antiguas expectativas atrás y pensar que tu hijo sigue siendo la misma persona, que lo que de verdad le va a ayudar es ponerse manos a la obra juntos.

P: Esa sensación de pérdida, ¿la podemos achacar a prejuicios sobre el autismo?

N: Absolutamente, por falta de información. Cuando llegas al diagnóstico muy probablemente lo hagas sin conocimientos al respecto, como me pasó a mí. Y creo que eso pasa con todo lo que se sale de la *norma*. Realmente no es que sea una pérdida para ti: la que está perdida eres tú. Hay quienes dicen que cuando llega el diagnóstico es como si tu hijo se muriera. Me parece un enfoque aterrador. Lo que ocurre es que tu idea de la maternidad no se corresponde con la realidad. Es muy diferente, y lo que pasa es que estás muy asustada.

P: ¿Qué es lo que hace que tú, sin información, cuando recibes el diagnóstico, no pienses así?

N: Confiar en Mateo, siempre. Quererle como es, no presionarle ni pedirle ni más ni menos de lo que él es. Yo nunca renuncié a mi vida tal como era. Es cierto que ahora sería diferente, pero seguía siendo mi vida. Nos comunicábamos con **pictos**, me agachaba a su altura para estimular su comunicación, desplegar un poquito más de paciencia... Fluir con él, con la vida. Vivir el presente. Y hacerlo con la certeza de que siempre estaré para acompañarle.

P: Respecto a esos avances repentinos que has comentado en alguna ocasión que hace Mateo, ¿qué sorpresas te ha dado? ¿Alguna que te pareciera impresionante?

N: Realmente, todas, porque partimos de un folio en blanco, sin objetivos ni requerimientos, así que todos los avances son una fiesta. Te pongo un ejemplo: durante el confinamiento, acababa de cumplir cuatro años y aún no tenía desarrollado el vocabulario. De pronto le vi en el suelo colocando unas letras de madera y resultó que había ordenado el abecedario completo. Otra cosa que me impresiona es lo que le gustan los idiomas. De hecho, su tutora ya nos ha dicho que estructura mejor las frases en inglés que en español, y además tiene muy buena pronunciación. Son pequeños detalles, pero cada día está impregnado de esos avances.

P: ¿Alguna vez te has sentido mala madre por querer presionarle y que avance?

N: No considero que le *presione*. Quizá eso suena a academia militar [*ríe*]. Procuro acompañarle, impulsarle y potenciarle dentro de todo lo que SÍ tiene y sabe hacer. No enfocarme en lo que NO, sino en lo que SÍ. Nos ponemos con lo que haya que trabajar o en lo que tenga más dificultades, siempre con paciencia y con cariño.

P: ¿Hay algún rasgo de Mateo que destacarías que no tenga tanto que ver con su diagnóstico como con su propia personalidad?

N: Está tan entrelazado que es realmente difícil saber qué corresponde a una cosa y qué a la otra. Hay muchos niños con autismo a quienes les encantan los trenes y los medios de transporte –y ese es su interés restringido–, al igual que hay muchísimos niños neurotípicos a quienes también les encantan, por ponerte un ejemplo. Es un niño flexible dentro de su rigidez de pensamiento, y muy abierto y curioso para las cosas que le interesan. Me resulta complicado separar qué es y qué no es de su propia condición. Y cada niño con autismo es, además, tan diferente...

P: ¿Tú sostienes que no es una cuestión de grados de autismo, sino que hay muchos tipos de autismo y muy diferentes?

N: Eso es. Pongamos otro ejemplo: dos peques con el diagnóstico de autismo. Uno de ellos puede ser altamente sensible a las texturas y a los ruidos, y además ser no verbal. El otro peque es capaz de decirte de una sentada las características del sistema solar, los planetas, las estrellas y un montón de información sin filtro y sin tener en cuenta si tú te estás enterando o no. Además, este último no tiene ningún problema con los ruidos. Pues bien, ¿cómo puede ser que estas personalidades tan distintas compartan diagnóstico? Es tan sencillo como que el espectro del autismo es muy amplio y ambos patrones estarían dentro de él.

Por eso yo no creo en los *grados*. Siento que eso se creó para encasillar administrativamente el nivel de dificultad en la autonomía, pero ¿quién dirías que lo tiene más difícil en los dos ejemplos anteriores? Sinceramente, el autismo es mucho más complejo que eso. En el libro del que te he hablado antes, *El niño al que se le olvidó cómo mirar*, lo comparan con las lentes que deben usar las personas miopes: si tienes pocas dioptrías utilizarás un cristal más fino y si tienes seis, uno más gordo. La medición de los grados sirve para saber cuánta ayuda necesitas para desenvolverte en el día a día.

P: Dos preguntas que no puedo separar. ¿Dirías que hay un alto grado de incertidumbre, de experimentación? O, dicho de otra forma, ¿a qué velocidad crees que avanza el conocimiento sobre el autismo?

N: Cada vez hay más herramientas para la medición del autismo, son más sensibles e incluyen nuevos parámetros. Si bien esos parámetros siempre tendrán en cuenta estas tres variables: **dificultades en la comunicación y en lo social**, **hipersensibilidad** e **intereses restringidos**. Si se confirman las tres, ya solo es cuestión de ver cuán presentes están cada una de ellas en el niño.

P: Entonces, ¿hay más herramientas para la medición del autismo que conocimiento?

N: Creo que avanza más rápida la divulgación que el conocimiento. Aunque se está estudiando e investigando, no hay, por ejemplo, ninguna aportación nueva desde que nosotros estamos en esta realidad que me haya hecho replantearme las cosas. Y llevamos cinco años ya.

P: ¿Cuál es el extremo del autismo?

N: El extremo yo lo entiendo como los casos más severos, las personas que son grandes dependientes. Son casos verdaderamente duros y las familias que lo viven tienen un gran desgaste emocional, económico y social. Deben reordenar su vida por completo para poder seguir adelante. Son situaciones verdaderamente especiales y extremas.

P: ¿Qué cosas empiezan a cambiar en tu casa tras el diagnóstico? Me refiero al aspecto, a la decoración..., los pictos, pero ¿qué más?

N: En nuestro caso, como justo coincidió con la llegada de Manuela, fue un poco caos. Físicamente teníamos los pictos –colocados en muchos sitios–, un **panel de información**, un tipo concreto de juguetes y sobre todo teníamos siempre la puerta echada con llave porque había un pequeño escapista en casa. Cerramos una escalera... Pero, bueno, es que eso lo hubiera hecho igual porque cuando llegó el diagnóstico ya era un niño de dos años. Lo hubiéramos hecho igual con o sin autismo.

P: ¿Más espacio o menos? ¿Más ruido o menos?

N: Espacio, ¡todo el que quieras! [*ríe*], y ruido... la verdad es que él nunca ha sido especialmente sensible al ruido.

P: ¿Crees que deberías haber instaurado un protocolo? ¿Has aprendido algo, cosas que se podrían mejorar?

N: Sí. Creo que en las Administraciones debería existir un DECÁLOGO de los primeros pasos que dar cuando recibes un diagnóstico así. Los sitios a los que debes acudir, las ayudas y trámites que atender, qué puedes esperar de un desarrollo como este; los médicos, profesionales, psicólogos y especialistas que visitarás, etc. Y sobre todo el acompañamiento como familia, como madre ante una situación que te cambia la vida por completo.

P: Pero, por lo que te he ido escuchando, parece que, desde que hay un diagnóstico, sí hay un itinerario.

N: A ver, es un camino muy abierto. No es como la carrera de piano con sus cursos ordenados. Mi gran reproche a la Administración es que siento que hemos ido dando bandazos, pero que hemos tenido *suerte* porque, en general, nos hemos topado con buenos profesionales. Y lamentablemente esto no ocurre en muchísimas familias dentro del espectro. Pero quien debe moverse y buscar opciones eres tú, como madre, como familia. Nadie te dice cuál es el camino ni adónde ir. A la hora de escoger un terapeuta, un colegio, los profesionales que han trabajado con él... Siento que todo ha fluido y funcionado bien. Hay padres que han vivido experiencias muy complicadas con sus hijos autistas y a mí se me pone un nudo en la garganta al escucharlo. No puedo ni imaginar cómo reaccionaría yo en su lugar. Siempre he sentido la confianza en los sitios en los que ha estado Mateo, confianza en que estaba bien atendido, bien cuidado. Ha sido un niño muy querido. Siempre, en cualquier lugar. Tanto en la escuela infantil, como en el colegio, como en el centro de terapia.

P: Te he oído decir que empezaste a liberarte cuando lo comunicaste en las redes porque, hasta ese momento, había ahí un tabú.

N: Sí, estaba muy temerosa. Tenía mucho miedo. Miedo a que Mateo sufriera algún tipo de rechazo, a que se le estigmatizara, a que yo pudiera perjudicarle. Lo recuerdo como una época tan dura, tan oscura y con tantas lágrimas... Por mi propia determinación de mantenerlo en casa, de no contarlo para no perjudicarle. Pensaba que quizá quien lo supiera tendría reparos en acercarse a nosotros por desinformación. Recuerdo toda esa época como la más oscura desde que el diagnóstico llegó a mi vida. Incluso, en un momento, la paranoia era tal que me dije a mí misma que no hablaría de él en las redes ni lo mostraría porque pensaba que cualquier persona que se dedicara a la educación o a la psicología infantil podría ver señales, pistas de autismo, y no quería tener que dar explicaciones. Recuerdo que incluso procuraba que no salieran los pictos en mis vídeos. Cuánto me arrepiento de esa manera de pensar. Si lo cuento es porque quizá alguien que me lea estará en ese mismo lugar y lo que quiero es que tenga la certeza de que ocultarlo es justo lo más perjudicial. Porque, cuanta más información maneje vuestro entorno directo, más podréis ayudar entre todos al desarrollo del peque.

P: Es curioso porque ahora, cuando la gente más lo sabe, es cuando más le podrían excluir...

N: Es ahora cuando se sabe, sí, pero también es ahora cuando más información se está dando. Y también cuando yo me he visto con la fuerza para poder tirar de ese carro. Aunque he necesitado tiempo. De hecho, durante los últimos meses, antes de compartirlo abiertamente en las redes, mis amigas me decían que iba a ayudar a mucha gente si lo contaba, y que Mateo no iba a sufrir rechazo, pero yo no lo veía, la verdad. Hasta que llegó un momento en que pensé que le estaba perjudicando más manteniéndolo en el ámbito privado. Tanto a él como al resto de las personas del colectivo con autismo. Y cuando te sientes con fuerza, cuando tú también manejas información, cuando sientes que puedes enfrentarte a cualquier pregunta, es cuando te abres a decirlo.

P: ¿Qué le dirías a la gente que lo mantiene en secreto o dentro de determinados círculos? Es decir, ¿hay motivos legítimos para mantenerlo en secreto?

N: Les diría que yo también cometí ese error y que eso no ayuda a tu hijo o hija. Hay padres que no están preparados para hablar de ello porque aún están en la fase del duelo o no lo han aceptado y lo niegan. O quizá no quieren preocupar a nadie, o no tienen información y piensan que pasará... En el momento en que entiendes que esto es para toda la vida, que tu hijo es así y que lo único que puedes hacer es ayudarle, lo mejor es que informes a la gente de tu alrededor que va a compartir espacio con él, porque, en cuanto los demás entiendan cómo tienen que tratarlo, va a estar más integrado.

P: A los padres que todavía están en la fase del duelo o con reservas a la hora de explicarlo, ¿es conveniente decirles que estén tranquilos y que esperen a que sea el momento de hacerlo?

N: Sí, les diría que no lo fuercen, que va a venir solo. Su momento llegará.

P: Entonces, lo cuentas, explicas que Mateo es autista y ¿qué ocurre?

N: Grabé un vídeo que publiqué en mi perfil el 2 de abril de 2020. Está colgado aún, para quien quiera verlo. Fue una liberación para mí y me sorprendió mucho que pudiera grabarlo tan serena. La respuesta por parte de toda mi comunidad en ese entonces fue arrasadora. Mensajes de apoyo, de acompañamiento, de impulso y de muchísimo cariño. Se me pone la piel de gallina al recordarlo. Ni un solo comentario negativo. Ni uno. Me consta que es un vídeo que muchos especialistas y profesionales muestran a padres que acaban de entrar en el diagnóstico. Y, con mucho cariño y delicadeza, por mensaje privado, muchas profesoras, psicólogas y terapeutas me dijeron que habían notado algo pero que, por prudencia, no me habían dicho nada. Y es que a mí ahora me ocurre que veo a peques y me hacen falta dos minutos para ver si hay algo... ¡Imagínate los profesionales!

Aquel día fue para mí un día de muchísimas emociones. Recuerdo que no podía parar de llorar. Estaba muy nerviosa. Sabía que lo que estaba haciendo era lo correcto, pero también me preguntaba si no estaría metiendo la pata. Siempre te queda una pequeña duda. Y fue increíble.

P: ¿Te sigue llegando la onda expansiva de esa explosión?

N: Sí. Sobre todo de gente con hijos con autismo que me ha conocido a través de ese vídeo. Y esto me hace sentir muy responsable.

P: ¿Y eso no te presiona?

N: Muchísimo.

P: ¿Te has planteado estudiar?

N: Sí. Quiero especializarme académicamente en el autismo.

P: Supongo que vas recogiendo avances que comparten contigo, que vas recogiendo sus logros, y eso compensa.

N: Sí, supongo. También creo que es muy vocacional. La vocación de ayudar a personas con necesidades especiales. Admiro mucho a la gente que se dedica a esto. Pocas profesiones hay que admire tanto como esta.

P: Me gustaría volver al protocolo y las Administraciones, porque has visto muchísimas lagunas en ellas...

N: Totalmente. Después de los cinco años que hace que nos diagnosticaron, siguen sin existir ayudas económicas, más allá de una beca escolar para alumnos con **necesidades educativas especiales** (**NEE**). Lo máximo que nos han otorgado han sido mil euros en un año. Y de verdad que el gasto en terapias y en apoyos al mes es casi lo que te dan en una beca por un año. Ya ves que es absolutamente insuficiente.

P: ¿En qué te gastas ese dinero para Mateo?, por poner un ejemplo.

N: Terapeuta, logopeda, **equinoterapia**, arteterapia, musicoterapia, colegio, materiales..., es que no sabría ni por dónde empezar. Es un gasto brutal para muchas familias. Es una hipoteca más. Y, lamentablemente, no en todas las casas cuentan con los recursos necesarios para brindar ese apoyo.

P: ¿Hay alguna plataforma o asociación nacional que esté adquiriendo fuerza y que haga un trabajo interesante?

N: Cuando empezamos en todo esto no conocía ninguna. Ahora hay más, pero las que conozco son del ámbito más local. Ojalá Madretea, el canal abierto a compartir las consultas y sentimientos de todos los que nos encontramos en esta situación, llegue a ser algún día una plataforma referente en ayuda a las familias.

P: Retomemos el punto en el que os ponéis las pilas como pareja. Luego va llegando la familia, imagino que cada miembro no solo tendrá sus ritmos, sino también sus miedos y reservas. ¿En algún momento te hartaste y te cansaste de evangelizar sobre este tema?

N: No, en ningún momento, porque realmente toda la familia se volcó en ello. Es un proceso que va entrando y calando, poco a poco, en cada uno. Nosotros, en ese momento, con quien teníamos más relación era con la familia paterna, porque mi madre y mi hermana viven lejos. Desde el minuto uno se volcaron en la nueva realidad y quisieron aprender y colaborar. La gran suerte de Mateo es la familia que le rodea. Todos estamos para él.

P: ¿No has encontrado resistencia o has tenido que repetir un montón de veces algo?

N: No. Es muy difícil que me hagan perder la paciencia sobre cosas de Mateo. Porque, como flexibilizo con él, flexibilizo con todo el mundo. Si veo que alguien genuinamente quiere entender, quiere aprender de verdad, no me importa repetir lo que haga falta todas las veces que sean necesarias. El tiempo y las veces que hagan falta. Realmente cualquier madre o padre dentro del espectro que esté ya en un punto de aceptación va a querer que le preguntes y te intereses por entender el autismo. Y es que cuando es tu niño, lo haces todo por él. Los padres de niños autistas pueden y deben confiar en sí mismos. Su instinto nunca les va fallar.

P: Llevamos dos capítulos y tengo la impresión de que, aunque de vez en cuando hay alguna cosa triste, en general es todo muy optimista y positivo. Aunque creo que eso es por cómo eres tú.

N: Sí, probablemente, pero es que yo lo vivo así.

P: ¿Crees que eres más fuerte de lo que creías, o que no es tan difícil como pintaba?

N: Seguramente lo segundo. Reconozco que Mateo, a pesar de las dificultades que tiene, es un niño que, las cosas que se le enseñan, las coge al vuelo, y por eso es muy agradable y enriquecedor para nosotros trabajar con él. Tiene sus dificultades, está claro. Pero es muy cariñoso, yo recibo mucho amor de él, y sé que lo da porque lo está sintiendo... A lo mejor soy mucho más positiva por eso. Es una de las cosas que me dicen en las redes, que ojalá pudieran transmitir y hablar del autismo como lo hago yo. Puede que los papás que me lo dicen estén aún en otra fase.

P: Para terminar, dejando el autismo aparte, ¿qué te han enseñado la presencia y la autenticidad de Mateo sobre ti misma? A tener paciencia, por descontado, pero ¿algo más?

N: Que esto es el amor. Es otra galaxia de amor. Es un amor libre, sin reproche, sin segundas intenciones, genuino y maravilloso. Es aprender y crecer cada día. Es protección e incertidumbre. Es cariño y abrazos. Es aprender a ser flexible. Es querer protegerle por encima de todo. Y sí, paciencia, sobre todo.

3
TEA

P: ¿Qué entendemos por TEA?

N: El trastorno del espectro autista es una condición de vida en algunas personas provocada por un determinado desarrollo neuronal, por el que presentan dificultades en la comunicación, las relaciones sociales y un interés restringido a algunas materias u objetos. Creo que esta sería la definición más sencilla y clara que yo daría a cualquier persona que me preguntara.

P: ¿Cuáles son los falsos mitos sobre el autismo? ¿Qué crees que piensa la gente cuando se menciona el autismo?

N: Creo que hay dos problemas: la falta de información y el mito de que una persona autista es una persona con un autismo muy severo o que es Einstein. Para mucha gente esto es el autismo y, sin embargo, entre esos dos extremos hay miles de representaciones del autismo. Tantas como personas existen.

P: ¿Crees que la gente también tiene presente ese lado positivo?

N: Sí, pero con cautela. En el libro *El niño al que se le olvidó cómo mirar* se calcula que el diez por ciento de los niños o personas con autismo, tienen «**islotes de capacidad**» o el «**síndrome del sabio**» que les convierten en genios en algo. Por ejemplo, hay quienes están dotados de un oído prodigioso —en ocasiones, se ha sostenido que Mozart podría haber sido autista—. También hay quienes, con solo ver un paisaje una vez, son capaces de dibujarlo perfectamente. Algunos son especialmente cracks en geografía o para los idiomas, u otras muchas cosas. Es impactante. Sí. Realmente, sí. De hecho, van saliendo muchos casos de genios de la música, la ciencia, las matemáticas... que se sospecha que podrían estar dentro del espectro. Ya he dicho anteriormente que en el autismo no hay ni blancos ni negros, sino una escala de grises, y cada persona dentro del espectro funciona de una manera, tiene unas dificultades diferentes y un modo de relacionarse distinto. Por eso se le llama «espectro», porque es como un abanico.

P: ¿Es posible que haya un boom del autismo, es decir, que ahora haya más personas con autismo?

N: Creo que hay un boom, en parte porque contamos con más información y esta es más accesible. Además, las herramientas que lo miden cada vez son más precisas o en ellas entran características más amplias. A mí me da un poco de miedo que el autismo se convierta en un cajón de sastre de todo lo que no se sabe, pero también es cierto que en él confluyen siempre las mismas cosas: dificultad para relacionarse y comunicarse, hipersensibilidad e intereses restringidos. Dándose estas tres alertas o señales, aunque te muevas en muchas otras direcciones, probablemente estaremos ante un autismo.

P: Recientemente se han abierto líneas de investigación que evalúan a personas adultas, de las que nunca se había sospechado nada, que apuntan a que esas personas completamente típicas de repente pueden arrojar un diagnóstico de autismo.

N: Sí. Y yo creo que eso, el que sea más amplio, es beneficioso porque significa que habrá más diagnósticos y, por lo tanto, se destinarán más recursos, habrá más investigación, se harán más pruebas...

P: ¿Y no acabará convirtiéndose en un cachondeo? Por ejemplo, que se confirme que dos de cada diez personas tienen cierto grado de autismo, aunque sea muy leve.

N: A mí no me parece un cachondeo. Si es la realidad... Puede que se trate de la propia evolución del ser humano. Puede ser que tendamos a eso. Cada vez me encuentro con más gente que ha descubierto que, en su intimidad, en su casa, está tranquila y es feliz, cuando, históricamente, el ser humano ha sido muy social, de tribu.

P: Si cada vez hay más gente a la que se le ha diagnosticado autismo y ya hay problemas con los fondos que se destinan en ayudas, ¿cabe pensar que el dinero seguirá siendo el mismo y, por lo tanto, que el problema irá en aumento?

N: Absolutamente. Es que el gasto económico que puede haber en la sociedad en un futuro por la falta de diagnósticos en niños es una barbaridad. Un peque diagnosticado tiene la posibilidad de que le enseñen las herramientas –de acuerdo con su desarrollo– que le permitirán que su vida sea más fácil. Los niños a los que se les diagnostica ahora son más autónomos porque se les dan herramientas. Los que nacieron y crecieron hace treinta años no tuvieron tanta suerte; han crecido y se han desarrollado sintiéndose fuera de lugar, con depresiones, ansiedad, sin encontrar su sitio en el mundo, enmascarando formas de actuar, comportamientos sociales, incluso recibiendo maltrato o marginación. A veces ocurre que, si piensas en retrospectiva, quizá te des cuenta de que en tu clase o en tu entorno había alguien que era autista, aunque en aquel entonces no se diagnosticara como tal. Y probablemente ese niño o esa niña tuviera grandes dificultades para integrarse.

P: Vamos a plantear esta pregunta de una vez por todas: ¿hay que tenerle miedo al autismo? Eres padre de un niño autista, al que acaban de diagnosticar, ¿es razonable tener miedo?

N: Sí y no. Obviamente, el primer impacto es fuerte. Te pilla desinformado y además no te lo esperas, al menos yo no me lo esperaba, pero a medida que va pasando el tiempo y se va asentando la nueva realidad en casa, a lo que le tienes miedo es a su desarrollo. No al autismo como tal. Como madre, mi gran preocupación en todo esto es que pueda ser un adulto autónomo y feliz, que tenga una vida plena de acuerdo con sus necesidades.

P: ¿Miedo a que no sea capaz? ¿A ser toda la vida el padre de una persona dependiente...? ¿Son razonables estos miedos?

N: Sí, estos miedos son razonables, y hay que trabajarlos. Lo que acabas de decir es lo que a mí me hacía llorar siempre que hablaba de Mateo. Sin embargo, si lo piensas, la incertidumbre y el miedo al futuro, con todos tus hijos, siempre te recorren el cuerpo. Tengan o no autismo. ¿O acaso la vida será más fácil para mi otra hija? No lo sé.

P: Cuando a veces escuchamos al padre de un niño con síndrome de Down decir «Mi hijo ha sido mi gran bendición», pienso que a más de uno se nos despierta cierto recelo... Quiero decir, a mí me gusta que los mensajes lleguen sin dulcificar. En tu caso, ¿crees que estás más cerca de esos discursos que parecen edulcorados o al contrario...?

N: A la pregunta de, si yo pudiera elegir, elegiría que Mateo no tuviera estas dificultades, mi respuesta es sí. Preferiría que Mateo pudiera crecer y desarrollarse en su entorno de la forma más fácil posible para él. No es una conversación sobre lo que yo prefiero, sino lo que es más sencillo para su vida. A mí me da exactamente igual que sea dependiente de mí toda la vida. Yo sería feliz si mis dos hijos estuvieran siempre conmigo en casa, que no se fueran nunca [*ríe*]. Es cierto que cuando me preguntan sobre qué me aporta Mateo, siempre digo que me ha hecho mejor persona: soy mucho más flexible, empática y cariñosa. En casa todo se celebra más que en cualquier otra con un peque con un avance neurotípico. Y he aprendido a disfrutar mucho la maternidad. Insisto en que cada situación es diferente, en cuanto a circunstancias y posibilidades, y la mía no es fácil. Estoy separada y no tengo familia cerca; aun así, disfruto al cien por cien de la maternidad. Siento que, si Mateo no hubiera sido un niño con necesidades especiales, yo no habría desarrollado ni la paciencia, ni la comprensión, ni la capacidad de no juzgar a otras familias. No juzgar absolutamente nada, porque no sabes en qué situación se encuentran los demás. Siento que la vida es así, que a veces las cosas vienen de este modo, y no hay más.

P: Continúas y te das cuenta de que te trae cosas bonitas, que te trae crecimiento.

N: Sí. Siento que las familias que tenemos un peque con necesidades especiales en casa, si sabemos conducirlo bien, podemos alcanzar un crecimiento personal que no te da otro tipo de maternidad.

Te voy a contar algo que me pasó un mes antes de decir en las redes que Mateo tenía autismo. Subí unos *stories* en los que hablaba sobre esto. Recuerdo que puse un comentario que empezaba más o menos diciendo: «Las familias que tienen la suerte de tener un peque con autismo en casa...», y una madre me contestó que yo no tenía ni idea de lo que es tener un hijo con autismo, de lo que son las terapias ni de lo que se sufre... En ese comentario no leí rabia ni odio hacia mí, solo vi mucho sufrimiento. Entonces le contesté y le dije que entendía perfectamente de qué me estaba hablando y que «cuando hablo de la suerte que tienes, te lo digo porque yo soy una **mamá TEA**».

P: ¿Se lo dijiste?

N: Sí, fue la primera vez que lo dije abiertamente. Vi que ella estaba escribiendo y que luego paraba. De hecho, no me contestó hasta pasadas veinticuatro horas. Me acuerdo de que me dijo que la había dejado en shock, que había hablado con todas las madres con peques con TEA que conocía en Instagram y que nadie sabía que yo también tenía un niño con autismo, y me pidió disculpas. Me dijo que no se imaginaba que fuera posible llevarlo tan bien como lo estaba haciendo yo.

P: Quizá podemos sacar otra conclusión: o eres un poco egoísta y empiezas a quererte, o el autismo o cualquier otra contrariedad puede convertirse en un drama.

N: Cuando estás satisfecha con tu vida, con lo que haces... Se ve reflejado en todo lo que afrontas y la manera en que lo llevas. Y con esto no quiero decir que tenga suerte en la vida, porque a mí nadie me ha regalado nada, todo lo que tengo lo he conseguido trabajando: no he tenido herencia, ni padres que me hayan dado dinero, ni nada me ha venido dado... Sin embargo, siempre que he tenido alguna dificultad o shock en mi vida, me he remangado y me he puesto a trabajar, ya sea físicamente o a nivel interno.

P: Si algún lector de este libro te dice que tú lo llevas así porque tienes recursos, vengan de donde vengan, que puedes conciliar porque tienes una casa...

N: Mira, hay un libro, *La buena suerte*, que ha sido un referente para mí. Cuenta la historia de dos caballeros medievales a los que les mandan ir a buscar un trébol de cuatro hojas. Uno de ellos se pasa el rato quejándose: que si «aquí no está», que si «es que nunca crecen los tréboles de cuatro hojas», que si es que no sé qué... Mientras que el otro se dice: «Vale, aquí no crecen tréboles de cuatro hojas, pero ¿qué se necesitaría para que lo hicieran?», y se pone manos a la obra. Aquí un poco de tierra, aquí agua..., y resulta que, cada cierto tiempo del cielo cae una especie de materia que hace que crezcan los tréboles de cuatro hojas. Así es como el caballero que lo preparó todo consiguió que le brotara un trébol de cuatro hojas. Es decir, las oportunidades se dan, pero tú también tienes que haber colocado las cosas para que, cuando llegue la oportunidad, puedas aprovecharla. Esto, para mí, es lo mismo.

P: En algún momento, hemos hablado de la posibilidad de que aparezcan modelos autistas en campañas. A lo mejor es tan simple como que la trama no gire en torno al personaje con autismo, sino que haya un personaje con esa condición... ¿Cuándo sucederá eso? ¿Cuándo vamos a ver a niños con autismo en Benetton®?

N: Ojalá... ¿Cuándo? Pues eso ocurrirá cuando el hijo de alguno de esos grandes directivos presente rasgos TEA y se den cuenta de la gran falta que nos hace visibilizarlo.

P: ¿Es el momento? ¿Podría ser ya el momento?

N: Sí. Mateo es guapísimo [*se ríe*]. ¡Qué va a decirte su madre!

P: ¿Se puede pensar que un Zara™, o cualquier otra marca, vaya a recibir cuatro veces más visibilidad por el hecho de contratar a un modelo con autismo?

N: Desde mi punto de vista, es una publicidad social fantástica. Yo prefiero leer estas noticias a otras en contra del colectivo autista con agresiones y demás. Es que no puedo ni leerlas porque se me pone un nudo en la garganta. Pero, claro, las noticias positivas no generan tantos clics.

P: Tienes un ojo puesto en el futuro de Mateo todo el rato. ¿Qué sabes que puedes esperar en un futuro a ciencia cierta?

N: Nada. Realmente cuando tienes un diagnóstico no tienes un diario de a bordo que te indique qué va a pasar, cuándo ni cómo. Te toca esperar e ir viendo su desarrollo. Hoy por hoy no sé cómo va a evolucionar mi hijo.

P: ¿Mamá TEA es una etiqueta excluyente en algún sentido?

N: Para nada. No me siento etiquetada ni tildada de nada. Todo lo contrario: me siento superempoderada porque sé lo complicado que es y me siento satisfecha de la manera que tenemos de abordarlo en casa. Me encanta aprender y poder compartir con otras mamás, así que no me siento para nada excluida.

P: ¿Es una faceta que todos los padres TEA deberían adoptar, la de ser un poco didácticos?

N: Sí, y creo que realmente lo son todos. Conozco muchos casos de mamás que han dejado sus trabajos, se han dedicado a ser *coaches* de sus familias con algún miembro con autismo. Te das cuenta de que hay mucha gente que necesita esa información y que, con un poco de ganas que tú tengas de difundirla o de ayudar, lo vas a hacer genial.

P: ¿Sería deseable un mundo —de aquí a diez años, pongamos— en el que el padre de un niño autista no necesitara ir dando lecciones sobre cómo tratar a su hijo?

N: ¡Ojalá! Es difícil, pero confío en que estamos en el camino. Siento que el mundo tiende a ser emocionalmente responsable, y eso incluye también poner la mirada en la diversidad. De momento, todos los niños de la clase de Mateo están creciendo y compartiendo actividades con un niño con autismo. Esta generación ya va a saber en qué consiste y eso es absolutamente maravilloso.

P: ¿En algún momento has tenido incertidumbre?

N: Sí, claro. Y sigo teniéndola. Cada día.

P: ¿Y cómo se vive con incertidumbre?

N: Pues, viviendo al día. Aprendiendo a convivir con ella.

P: Habrá personas que te dirán que necesitan un plan de vida.

N: Pues hay que olvidarse. No hay plan de vida estructurado posible si tienes un niño con autismo. Al menos desde mi punto de vista. Tú habías imaginado una maternidad y ha llegado otra.

P: Y el miedo, ¿forma también parte de esa ecuación?

N: Siempre: miedo, incertidumbre, dudas... Aunque no es muy diferente de cualquier otra maternidad o paternidad. ¿Qué padre no tiene incertidumbres o miedos acerca de sus hijos?

P: ¿Te sientes limitada como madre TEA?

N: Hay cosas que tenemos que adaptar, pero mi empeño es que Mateo pueda tener una vida plena. Hay determinadas actividades con las que debemos tener más cuidado, sobre todo porque le sobreestimulan o no ve el peligro o hay demasiada gente y se pone nervioso... Para mí lo más complicado, por ejemplo, es ir sola con los dos niños por la calle. Por muy rutinario que parezca. Hoy por hoy, mi hijo necesita una persona pendiente de él todo el tiempo, porque puede echar a correr, porque puede perderse, porque si ocurriera no tendría claro cómo pedir ayuda...

P: ¿Pero van amigos tuyos a comer a casa, por ejemplo?

N: Claro. Mi casa es mi lugar seguro. Es donde estoy tranquila y donde puedo disfrutar más de la gente. Porque sé dónde no están los peligros, porque ya me he ocupado yo de que no los hubiera, y sé que Mateo sabe moverse por aquí, y sé que no le va a ocurrir nada.

P: ¿Alguna vez te has sentido insegura al pensar que estabas trayendo a casa a gente a la que le pudiera molestar?

N: No, donde estoy insegura es en casa de los demás [*ríe*]. Para mí es una prueba de estrés muy grande, porque Mateo lo toca todo, todo es una curiosidad para él... Para él no existen los lugares prohibidos. Se mete hasta la habitación del final, jaja.

P: ¿Nunca has pedido disculpas por algo que haya hecho Mateo?

N: ¡¿Fuera de mi casa?! A diario pido disculpas [*ríe*]. Incluso antes de que pase nada. Las madres y los padres de niños NEE parece que vamos con el perdón en la boca.

P: Una vez te oí decir que el autismo leve no es necesariamente más sencillo, aunque a menudo también dices que Mateo es muy agradecido, y que por eso es más fácil con él.

N: El problema es que, a veces, que tengas un autismo leve significa que la sociedad te va a pedir que te comportes como si no tuvieras autismo, te van a exigir que mantengas unos comportamientos sociales, porque se supone que a ti no te cuesta. Si la gente supiera los desafíos a los que se enfrentan las personas con autismo leve..., lo que pasa es que parece que no haya esa dificultad. Se les exige socialmente más que a una persona con un autismo un poco más severo o con más afectación. Pero eso no significa que sea más fácil, todo lo contrario.

P: Hay familias que piensan que pueden hacer algo para *curar* a su niño, que viven con la esperanza de encontrar un remedio. ¿Crees que hay que aniquilar esa esperanza?, porque es duro...

N: Tiene que quedar clarísimo que el autismo no es una enfermedad ni una patología. No se cura. Se aprenden las herramientas para tener una vida más plena, pero de verdad que no hay nada que curar.

P: La última pregunta: ¿tú crees que en el autismo debería considerarse de alguna forma la diferencia de sexos?

N: Esto es un gran problema. La estadística dice que, de cada cinco niños con autismo, cuatro son niños y uno niña. Pero ese dato no es cien por cien real. Lo que ocurre es que las pruebas a las que se les someten para el diagnóstico están muy enfocadas a niños, se estudian intereses que afectan típicamente a niños. Las niñas autistas presentan un patrón más social, son capaces de enmascarar comportamientos para encajar, por eso el diagnóstico en niñas es más complejo. Eso no significa que no tengan autismo, sino que suelen crecer sin diagnóstico y sin herramientas, y que en la vida adulta haya muchísimas mujeres que presentan depresión y ansiedad porque no son capaces de entender el mundo y a las personas. También por eso hay tanto diagnóstico de autismo en adultos, principalmente mujeres. Hay una gran lucha para la adaptación del género en las pruebas.

4
MATEO

P: Vamos a esbozar el retrato de Mateo. Para empezar, ¿percibes que se compare con otros niños?

N: Es algo que está fuera de su interés ahora mismo. Él no se compara. Es un niño feliz, siempre lo he dicho. Y estoy tranquila porque sé que lo es. Siempre se está riendo, la expresión de su cara siempre es feliz. Es inteligente, curioso y muy tenaz. Le encanta dibujar y los camiones de bomberos. Ahora mismo tiene seis años.

P: A veces me has contado que el gran caballo de batalla es la comprensión. ¿No sospechas que pueda estar comprendiendo algo, pero desde otro lugar?

N: En general nuestras conversaciones siempre solían ser preguntas que yo le dirigía y él contestaba. Sin embargo, de unos meses a esta parte, ha llegado a comunicarme asuntos o incluso sentimientos sin que yo tomara la iniciativa. Hasta hace menos de un año, no se me pasaba ni por la cabeza que esto pudiera ocurrir. A veces me alucina que se acuerde de algunas cosas.

P: Y, a pesar de eso, la evolución de Mateo es constante. Tú notas avances diarios. ¿Nos podrías contar alguno de ellos?

N: Sí. La evolución de Mateo no es lineal, tiene como explosiones. Puede que en una semana le veamos expresarse o reaccionar con muchísimas novedades y de pronto pasen semanas en las que su desarrollo se quede un poquito más quieto. Lo que más sorprendida me tiene es que ahora es capaz de identificar cómo se siente y que me lo cuente. Son frases sencillas y cortas, nada muy elaborado, pero es el mayor regalo que puedo recibir un día cualquiera. Incluso si me dice: «Hoy estoy triste», le digo que está muy bien que me lo haya dicho y que vamos a hablar de qué es lo que le pone triste. Es que hace seis meses esto ni me lo podía imaginar.

P: ¿Y a nivel cognitivo?

N: Es un niño muy listo y con mucha memoria, además de muy curioso. Hoy por hoy no creo que a nivel cognitivo esté muy lejos de cualquier niño de seis años.

P: Creo que quien no le conozca puede pensar que es un niño que está muy en su mundo. En cambio, mi experiencia con él es muy distinta. Es un niño que ha venido corriendo a darme un abrazo y se ha quedado enganchado a mí.

N: Sí, habrás hecho algo que a él le gusta [*ríe*], porque Mateo no regala abrazos así como así.

P: ¿Cómo es él, afectivamente hablando?

N: Mateo es muy cariñoso con la gente de su entorno, especialmente conmigo. Nos damos abrazos, besos, me coge la mano, quiere dormir conmigo... Y a mí me encanta. Le hace mucha gracia simular que se equivoca y que le corrija riéndome. Se ríe, con su risa contenida, y es muy gracioso. Pero, si no te conoce de absolutamente nada, no va a mostrar ningún interés en ti. ¡Lo que haría cualquier niño, vaya!

P: ¿No es ni más ni menos cariñoso que un niño neurotípico?

N: Eso es. De hecho, a veces no controla la intensidad de su amor y te da unos achuchones...

P: Y besos, ¿da?

N: Sí, aunque no obligo a los niños a dar besos a nadie. A ninguno de los dos. No me gusta. Y no por la condición de Mateo, sino porque no me gusta que los niños den besos a la gente.

P: Sé que la fuerza de Mateo a ti te ha traído algunos problemas, que a veces no controla o que corre muy rápido...

N: Sí, es lo más difícil para mí. Ha sido siempre escapista [*ríe*]. En espacios abiertos, un centro comercial o en la calle, sin avisar, puede empezar a correr sin parar. No sé si es porque el espacio le sobreestimula o porque correr le regula. El caso es que con cuatro años corría y a ti te daba tiempo a alcanzarle.

Con seis años ya no lo coges [*ríe*] y eso es un gran problema, porque no siente el miedo ante las carreteras ni los peligros. Es una de las cosas que más ansiedad me produce.

P: ¿Y cómo entiende, por lo menos, que hay una norma?

N: Hay que enseñarle todas las cosas. Para él no es inherente a su desarrollo ni puede imitar a los demás. Hay que explicarle muy claramente, con pictos, a ser posible, o con historias sociales, cómo hacer las cosas.

P: Lo de mirar a los ojos, en general, ¿dirías que es uno de los retos que más os han costado?

N: Sí. Y es más importante de lo que la gente piensa. Cuando los bebés no hablan, la primera manera que tienen de comunicarse con sus padres es mirándolos. Más adelante mirarán un objeto y acto seguido a sus padres para *señalar* qué es lo que quieren. Son los grandes hitos de la precomunicación. En los niños autistas eso no se da, por lo que la comunicación empieza siendo el gran hándicap en su desarrollo. Por eso es tan importante trabajar en su mirada. Hoy por hoy seguimos trabajando en ello.

P: Entiendo que eso lo hacéis por vosotros, porque a él...

N: No. Es una herramienta de socialización para él, porque hablar con los demás o mirar a los ojos son señas de que estás presente en la conversación. Por eso es importante la detección temprana, porque el cerebro de los niños es plastilina y enseñarle estas herramientas sociales ahora puede determinar su desarrollo futuro.

P: Y con el contacto con un animal, aunque eso ya es sensorialidad... En lo sensorial, ¿es otro mundo?

N: A Mateo le encanta ver animales. Hace más de un año que hacemos terapia con caballos y es increíble lo parlanchín que sale de su clase de equinoterapia.

P: ¿Es hipersensible con lo sensorial?

N: Hay una parte de la terapia, llamada «integración sensorial», que consiste en trabajar con ruidos, texturas, sabores, etc. Y de verdad es importantísima. Piensa, por ejemplo, en un niño autista que es hipersensible a un ruido que, para ti, adulto neurotípico, es imperceptible. Cualquier actividad que quieras hacer con él en ese momento, para enseñarle alguna herramienta social, se va a ver absolutamente empañada por eso, porque no será capaz de escucharte. Así que, para poder sentar las bases de su desarrollo, primero hay que trabajar esa sensorialidad y después todo lo demás. Mateo tiene gran sensibilidad a los sabores, y cuanto mayor se hace, más rígido se vuelve al respecto.

P: ¿Es hipersensible a los gustos?

N: Sí, incluso a las texturas.

P: Entonces, no hay grandes aventuras en lo que a comida se refiere. ¿En algún momento ha sido una dificultad para ti la comida?

N: Cuando viajamos. Hay que ir muy a tiro hecho, con una apuesta segurísima: una pasta con tomate, unas croquetas, y no salirme de ahí... Manuela sí lo prueba todo; él, todo lo contrario. También, me he dado cuenta de que todos sus avances los ha conseguido sin que yo le haya obligado a nada, y creo que eso tiene que ver con que soy una firme defensora de la **crianza respetuosa**. Me gusta criar acompañando, no imponiendo nada a la fuerza. Creo que así el aprendizaje es mayor porque entienden los motivos de sus actos. Me gusta esa forma de criar.

P: Cuando se habla de autismo, siempre se mencionan los retrasos, pero contigo me doy cuenta de que hay muchos avances. Es una sorpresa para mí.

N: ¿En su personalidad?

P: ¡Claro! Algunos logros de Mateo son asombrosos. Y en los asuntos más cotidianos, como el de la comida, tampoco me estás dibujando el escenario de una pesadilla.

N: Porque trabajamos mucho con rutinas. Todas las **secuencias** siempre son iguales, todos los días.

P: Cuando dices rutinas, ¿estás hablando de horarios, del lugar donde come...?

N: Sí, todo es muy rutinario. Mateo se levanta, desayuna y nos preparamos para el cole. Después los recojo, a él y a su hermana. Ya en casa, jugamos un rato, luego toca baño, cena, nos lavamos los dientes, leemos un cuento y a dormir. Siempre igual. Nunca se cambia el orden ni se elimina nada. Eso a él le da mucha seguridad. Si por alguna razón un día no quiere hacer algo es porque hay algo que le inquieta o porque comienza a asomar su personalidad. Entonces empieza la negociación, que suele consistir en indicarle o dibujar en pictos que después de la actividad que por lo que sea no quiere hacer ese día, vendrá otra que le encanta. Ojo, no siempre lo consigo, no siempre accede a hacer algo que no quiere hacer de ningún modo. En ese caso, entramos en crisis, y hay que deshacerla...

P: Imagino que habréis tenido momentos de adaptación...

N: Me atrevo a decir que en muchas cosas es más fácil la crianza de Mateo que la de Manuela. Los niños con autismo funcionan superbién siguiendo una secuencia ordenada de las cosas. Como contrapartida, el día que falla esa secuencia, nos podemos encontrar con una crisis. Aun así, es mucho más predecible. Para lo bueno y para lo malo. A mí me produce mucha ansiedad anticipar que va a llegar una, y me coloca en el disparadero de las emociones.

P: También has dicho muchas veces que Mateo no le tiene miedo a nada.

N: Aunque no sabría decirte si es un rasgo del autismo o de su personalidad, he coincidido con otras mamás con peques autistas en que no identifican dónde está el peligro o si algo les puede hacer daño. Eso sí: cuando eso ocurre, no se les olvida jamás, aprenden de una. Mateo tiene una memoria impresionante. Recuerdo que, durante las primeras terapias, cuando Mateo tenía dieciocho meses, Curro, su terapeuta, ya me anticipó que estuviera atenta a la capacidad de memoria de Mateo. Me dijo que era un niño con una memoria increíble.

P: ¿Por ejemplo?

N: Por ejemplo, a la hora de aprenderse las figuras geométricas, o cómo aprendió las palabras –aprendió a leer solo–. Si fuera hoy a tu casa y ahí tuvieras un tren, si volviera dentro de dos años, antes de entrar por la puerta, seguramente me recordaría que lo tienes.

Uno de los métodos para evaluar su memoria era mediante secuencias. Recuerdo que en Tándem le propusieron una especie de yincana de subir, bajar, reptar, etc., que consistía en coger los puzles de un sitio, subir una cuestecita, luego bajar otra, y volver a encajarlos al otro lado. Lo sorprendente es que, si pasaba el tiempo y meses después se le ponía la misma yincana, Mateo sabía exactamente lo que tenía que hacer sin que nadie le diera instrucciones. Esa memoria es uno de sus puntos fuertes.

P: ¿También para los lugares?

N: Sí.

P: Es decir, ¿se orienta él solo?

N: Nunca le he dejado solo. Pero sí, sabe dónde está todo. Incluso hay veces que no encuentro algo, se lo pregunto a él y lo sabe. He oído casos de niños con autismo a los que les llaman cariñosamente «GPS», porque se orientan increíblemente bien.

P: ¿Nunca se te ha perdido?

N: Uf [*suspira*], pensarlo es lo que más estrés y ansiedad me ha producido desde que nació. Una vez lo perdí en el colegio. Me soltó la mano, salió corriendo, como siempre, y se perdió. Tenía a Manuela en brazos, lo recuerdo, y Mateo había desaparecido. Me daba todo vueltas. Pensé de todo. Volví a la clase de Mateo, cogí a sus profesoras y les dije que había desaparecido. Solo de pensarlo se me pone un nudo en la garganta [*se le quiebra la voz*]. Estuvimos buscándole y buscándole, hasta que lo encontramos en el parque de arena de los bebés dentro del colegio. Le regañamos, claro, y lloró porque él también se asustó al vernos tan asustadas a nosotras.

P: ¿Entendió lo que había pasado?

N: Creo que en aquel entonces no lo entendió, pero detectó nuestra agitación. Ahora, con seis años, entiende muchas más cosas y sé que eso lo entendería. De hecho, ahora me *reta* más. Me mira y me dice qué cosas no puede hacer, para, acto seguido, hacerlas.

P: ¿Es también consciente de cuándo hace las cosas bien?

N: Sí, mucho. Lo sabe y me lo hace saber. Hay veces que trabajamos por recompensas y se alegra mucho cuando consigue un reto, además me llama para que yo también lo sepa. Quizá es la parte más demostrativa de que está más conectado de lo que la gente piensa.

P: Sí. Y sé lo importante que es el reconocimiento para él, pero no sé cómo funciona. ¿Qué cabida tiene en el día a día?

N: ¿Reconocerle cosas que hace?

P: Sí. Si tú le reconoces algo, ¿él lo celebra o da muestras de percibir el reconocimiento que le das? ¿Crees que hace cosas para conseguir vuestro reconocimiento?

N: No, no tengo esa sensación. Él hace cosas porque quiere hacerlas, no me parece que busque agradar a los demás. Mateo es transparencia, es verdad, es un ser genuino. Te pongo un ejemplo: le encanta dibujar lo que a él le gusta dibujar. No puedes decirle que dibuje algo que te guste a ti o algo que él no haya visto nunca o que no le gusta. Hace las cosas para él mismo, sin esperar el reconocimiento de nadie. Mira si le gusta dibujar que pasó de hacer garabatos a dibujar formas en las que podías distinguir algo y de repente todo eran dibujos. Llenó la nevera de tantos de dibujos que no podía ni abrirla. Imán tras imán. Así que siento que genuinamente no busca un reconocimiento. No sé si quizá ha aprendido el procedimiento de enseñarme un dibujo cuando lo termina o si siente que quiere enseñarme el dibujo. Aun así, estoy muy feliz de que lo haga, sea cual sea el origen de eso.

P: Respecto a la motricidad, ¿ha tenido problemas Mateo?

N: Hubo una temporada en la que se caía mucho, que tropezaba con todo. Su terapeuta Curro, que además es fisio, me insistía mucho en esto y en que Mateo anduviera de puntillas. Es una de las primeras alertas que detectamos, muchos autistas se desplazan de puntillas. No he llegado a saber a ciencia cierta cuál es la razón de que lo hagan; en cualquier caso eso puede generar un problema en el desarrollo físico de los gemelos. Andar de puntillas puede hacer que el gemelo se contraiga y se acorte, y más durante una etapa de tanto desarrollo físico y crecimiento. Incluso puede llegar al extremo de que los tendones de los tobillos se acorten, y ya no se pueda apoyar la planta correctamente. Por eso, desde bien pequeñito, hacia los dos años, Curro le daba masajes en las piernas y en los gemelos, para suavizar y aflojar toda esa tensión. Y con el tiempo dejó de caerse.

Puede ser que esta fuera la razón o que se debiera a un retraso en el desarrollo motor a nivel cerebral. La conclusión a la que llego es la misma: se trata de no forzarlo, de ir viendo y observando, y a partir de ahí establecer los desafíos que queremos afrontar. Pensándolo bien, Mateo cumplió todos los hitos de desarrollo que se esperan de un bebé de cero a doce meses: empezó a gatear, a ponerse de pie, a desplazarse como lo hacen todos los bebés en esa edad. Recuerdo que cuando nos hicieron los primeros test para evaluar su desarrollo, nos solían preguntar si cuando bajaba las escaleras, usaba los dos pies o solo uno. La respuesta suele arrojar información sobre si hay algún tipo de dificultad en alguno de los hemisferios cerebrales, porque cada pierna va con el hemisferio contrario. Él nunca ha tenido esa dificultad. En ese aspecto, su desarrollo ha sido de lo más corriente.

P: ¿Cómo se llama esa necesidad que Mateo tiene de moverse?

N: ¿Las **estereotipias**?

P: ¿Cómo se manifiestan en él? ¿Cómo son?

N: Realmente no ha sido un niño con estereotipias muy acentuadas. Al principio sobre todo recuerdo las puntillas y el dar vueltas sobre sí mismo. Recuerdo que las trabajábamos tanto con su terapeuta como en casa. Me llamaba mucho la atención la manera de hacerlo. Y es que, ¿cómo le dices a un niño que no puede hacer algo que, de algún modo, es la base de su regulación? Hay dos maneras —me gusta insistir en la idea de que yo no soy una especialista ni una terapeuta; solo puedo aportar mi experiencia como madre y de lo que he aprendido de los que sí lo son–. Tienes la opción de enseñarle otro movimiento al que él pueda acudir para regularse cuando aparezca ese exceso de estímulos o, cuando comience la estereotipia, intentar desviar su atención hacia otra cosa que le encante, de modo que vuelva a su tono y movimiento más cotidianos.

Es un poco complicado de explicar [*ríe*], pero en la práctica es muy obvio. Lo que sí teníamos clarísimo es que cuando ocurre una estereotipia no puedes decir «No hagas esto» porque obtienes el efecto contrario: las asientas todavía más. Tienes que buscar alternativas a lo que está sucediendo, más allá de decir simplemente: «Deja de andar de puntillas» o «No gires». Y no sabes lo difícil que es instaurar este cambio de conducta en tu cerebro como madre.

Y es que hay que tener muy en cuenta que son movimientos absolutamente involuntarios, similares a los que cualquiera hace cuando está muy contento porque ha recibido una muy buena noticia, como dar saltitos y palmas, o cuando uno está nervioso y se muerde las uñas. Eso también son estereotipias. Son movimientos que regulan los grandes estímulos que recibimos del exterior.

P: ¿Cuál es el problema de las estereotipias? ¿Por qué hay que trabajarlas?

N: Creo que son movimientos que pueden ser incómodos socialmente. Los aleteos, los giros, los saltos... Incluso para el propio aprendizaje y desarrollo. Imagina a Mateo en clase. Si se regula girando sobre sí mismo, es muchísimo más difícil que pueda enfocarse y aprender. Por eso, si cambiamos girar sobre sí mismo por apretar una pelota antiestrés, por ejemplo, conseguiremos regular sus estímulos con un gesto que además no le descentrará de la actividad. Eso no significa que las estereotipias tengan que desaparecer, sino que hay que darles otra forma para que Mateo pueda regular lo que está sintiendo y que sea socialmente más cómodo.

Todo eso debe aprenderlo también, porque no es natural en su cerebro. Todos los días admiro la capacidad de trabajo que tiene; está aprendiendo y exteriorizando todo el tiempo cosas para las que su cerebro no está diseñado. Él y todos los peques autistas son unos verdaderos currantes.

P: O sea que tienen una función reguladora.

N: Eso es. Como te decía, yo me muerdo las uñas desde que tengo uso de razón, y eso es también una estereotipia. O cuando alguien se pone muy contento al recibir una noticia y empieza a aplaudir sin sentido. Son movimientos involuntarios, pero en estos casos están socialmente aceptados, o yo lo veo así. Es lo mismo para ellos, pero con otros movimientos. Hay quienes hacen el aleteo, por ejemplo, y la terapia consiste en proporcionarles otro tipo de gesto o movimiento, como frotarse las piernas o los brazos.

P: ¿Y lo de la colchoneta de Mateo?

N: Por lo que he podido aprender estos años, solemos conocer los cinco sentidos –gusto, olfato, tacto, oído y vista–, pero hay dos más: el sentido **propioceptivo**, que es la capacidad que tiene nuestro cerebro de saber la posición exacta de nuestras partes del cuerpo, y de esta manera darles dirección y que puedan ejecutar correctamente su función; y el sentido **vestibular**, que tiene que ver con el equilibrio y el control espacial, y con saber que ocupas una dimensión en el espacio. En muchos peques autistas estos sentidos están alterados.

En nuestro caso en concreto, esto implica que Mateo necesita entrar en contacto con todo su cuerpo con las superficies, o con las personas, por ejemplo, para recibir información acerca de dónde está él y cuánto espacio ocupa. Recuerdo que, cuando era más pequeñito, se iba arrastrando por la pared de casa, por el sofá, por la mesa... Yo pensaba: «Pero ¿por qué no puede pasar por en medio de los objetos sin tener que rozarlos?». La respuesta es que con esa ausencia de contacto le faltaba información y eso le hacía sentirse inseguro. En ese sentido, creo que la cama elástica hace que Mateo sea mucho más consciente de sí mismo, de las partes de su cuerpo y del espacio que ocupa en una habitación. Todas las conexiones neuronales que tienen lugar mientras está saltando en una colchoneta, ese trabajo que se da en su cerebro, desencadena otra serie de desarrollos que hacen que regule mucho mejor la ansiedad o el estrés. Y le pasa lo mismo con las hamacas, las que se balancean. Fueron lo primero con lo que trabajamos en Tándem y yo no entendía el porqué. Ahora comprendo que aquel primer ejercicio le permitía estar mucho más interesado en el resto de la sesión.

P: Los columpios le encantan, ¿no?

N: Mucho. Le ayudan mucho a regularse.

P: ¿Y salta él solo?

N: Sí. Y con Manuela. Ahora le encanta también llevarse juguetes y cuentos, y dejarlos encima de la lona para ver cómo botan por el efecto de su propio salto. Le hace tanta gracia que sus carcajadas se oyen desde cualquier parte de la casa.

P: En cuanto a la salud, no es ni más ni menos sano que cualquier otra persona, ¿verdad?

N: No es un niño delicado de salud. Todo lo contrario, es fuerte. De hecho, uno de mis mayores miedos es que, como tiene un umbral de dolor tan alto...

P: ¿Eso significa?

N: Pues que, si se cae, no llora. Si se da un golpe, no se queja. Si está malito, no se queja tampoco. Ahora bien, como oigas un golpe y él comience a llorar, corre y prepara el coche porque hay que ir directos a urgencias. Esto ocurre porque no es capaz de identificar el dolor salvo que sea muy fuerte. Por ponerte un ejemplo: algunas veces los zapatos nuevos le han lastimado los pies. De pronto, me doy cuenta de que cojea y al quitárselos veo que tiene unas ampollas terribles. Pero, mientras los llevaba, no ha sido capaz de expresármelo.

Como para él es tan difícil entender y comunicar cómo y dónde le duele, aprendí a darle yo la pista para que sea más concreto y así saber yo también qué está pasando, detectarlo. Le digo: «Toca dónde te duele», y entonces él me lo señala. Precisamente por su alteración en el sistema propioceptivo, para él es un gran desafío identificar un dolor, saber de dónde viene, entender que tiene que contármelo y encontrar juntos una solución. Como madre me siento impotente en muchas ocasiones al no poder proveerle alivio porque no sé qué le está sucediendo. Lo paso fatal.

P: ¿Tiene dificultades con la ropa, los tejidos o los colores?

N: Realmente siempre ha accedido con la ropa que le he ofrecido y no suele poner problemas. Ahora que dice que su color favorito es el rojo, comienza a tener preferencias con respecto a lo que quiere ponerse. De nuevo esto es una gran celebración para mí. En otras casas quizá sea lo más corriente del mundo, pero en la nuestra, que él sea capaz de identificar qué le gusta y que me lo diga, es una gran noticia.

P: ¿Y los juegos? ¿Hay un universo específico de juguetes que le guste más?

N: Por ranking de cosas que le gustan, yo diría que lo primero son los camiones de bomberos. Es pasión lo que siente por ellos. En segundo lugar, estarían los cuentos, porque le encanta leer, y luego vendrían los cohetes y los trenes. Sí, creo que por ahí iría el ranking. Últimamente, para favorecer el juego simbólico, procuramos jugar a las casitas de muñecas, inventar historias y simular conversaciones, a él le hace mucha gracia. Quizá el juego no dura más cinco minutos, pero sé que es un gran avance.

P: Es decir, no estamos hablando de juegos específicos para niños autistas. ¿Y juega con su hermana?

N: Cada vez más, de nuevo para mí es un gran regalo verlos jugar juntos.

P: Pero ¿juega a lo que podría jugar cualquier niño?

N: Claro que sí, aunque le tiene que gustar el juego y comprenderlo. Cuando intenta jugar con otros niños, nos encontramos con la dificultad de la comprensión y la comunicación. Él sí quiere jugar con otros niños, pero muchas veces no sabe cómo hacerlo. Esto es algo que trabajan mucho con él sus especialistas en el aula TEA. En su colegio, la **integradora social**, Carla, que es maravillosa, trabaja en lo que llaman un «protocolo de patios», donde Mateo y el resto de los peques con autismo siempre están integrados con los demás, y ella se encarga de facilitar ese acceso.

Es muy probable que el resto de los niños no sepa cómo incluir a Mateo y a su vez Mateo no sepa cómo entrar en ese círculo. O bien porque no existe comprensión de las reglas del juego o porque los otros peques tampoco saben cómo explicárselo. No hay maldad ni exclusión por ninguna de las partes, al revés. Y es ahí donde interviene la integradora social: les da las instrucciones a unos y a otros para que todos puedan disfrutar de los juegos y sentar un precedente para los futuros encuentros.

Es muy bonito ver el proceso, el avance de Mateo aprendiendo a su ritmo las reglas sociales y, sobre todo, ver al resto de los peques intentando hacerse entender. Es algo que a mí me emociona con solo contarlo [*suspira*].

P: Para terminar, en el capítulo anterior, has insistido en varias ocasiones en que se trata de que nosotros adaptemos nuestro idioma al suyo, de que nosotros entremos en su mundo. Aun así, creo que muchas cosas de las que cuentas buscan norma-

lizarlo, no tanto que le vayan a facilitar a él las cosas, sino que los demás se sientan cómodos con él. Por ejemplo, lo de mirar a los ojos es como decirle que lo tiene que hacer para ayudar a los demás a entenderle o a acercársele.

N: Probablemente. Es un trabajo en dos direcciones, como ocurre con sus compañeros en el colegio. Él tiene que aprender, está claro, pero la sociedad también debe avanzar y esforzarse por integrar naturalezas diversas porque, en el caso concreto de los autistas, es difícil enseñarle a alguien algo que va en contra de su naturaleza, del funcionamiento y diseño de su propio cerebro.

Hay algo que realmente me angustia, y es que siento que todo su crecimiento es una auténtica carrera contrarreloj, que se hace mayor y va a tener que enfrentarse al mundo adulto, y que se me acaba el tiempo para protegerlo. Y no precisamente porque tenga prisas ni expectativas concretas sobre su desarrollo. Mi inquietud como madre es que, a medida que crezca, las diferencias con respecto a las personas con las que conviva sean cada vez más grandes. Eso explica también todo mi espíritu y motivación para proponer proyectos de inclusión y visibilización del autismo en el colegio, mi activismo en las redes, este libro, Madretea... Quiero que la gente que le rodea, le entienda.

Hace poco leí con los niños un libro titulado *Me llamo Blus*, escrito por una mamá de un peque con autismo y que trata sobre un pájaro que nace sin alas. No puede volar. En el cole todos vuelan, pero él no. Sin embargo, el pajarito Blus se da cuenta de que tiene otras virtudes y que puede correr muy rápido. Así que decide viajar por el mundo para ver otros pájaros. Y entonces conoce kiwis, pingüinos y avestruces: aves que tampoco pueden volar, y que son plenamente felices tal como son. Me parece un mensaje tan necesario y tan bonito... Y esto es lo que creo que la sociedad pretende con el colectivo autista. Y ellos sienten la presión de que tendrían que saber volar, cuando no están diseñados para ello.

P: No se trata de curar una falta de vuelo, ¿no? Nunca va a volar y no debemos pretender enseñarle. Es un ejemplo muy claro.

N: Sí, pese a que no me gusta decir que hay algo que nunca podrá hacer. Al igual que no tenemos expectativas ni objetivos con respecto a su desarrollo, tampoco tenemos límites.

P: Ya, pero si nace sin alas, no va a volar.

N: Bueno, pero a lo mejor, coge un avión para poder volar.

P: Eso es interesante, ese giro.

N: Sí, no le pongo ningún límite. A lo mejor vuela de otra forma.

P: El propósito de este capítulo era retratar a Mateo y arrojar un poco más de luz sobre lo que tú consideras que supone tener un niño con autismo. Creo que el retrato es muy completo.

N: Mi hijo es la persona que más me ha enseñado en la vida, probablemente. Y me las ha enseñado de la propia vida. Me ha enseñado que la vida no viene como la esperas y que puedes ser inmensamente feliz con otras realidades. Que lo que la sociedad considera importante, si para ti no lo es, realmente pierde toda su fuerza. Que el desarrollo y crecimiento los marca cada uno. Me ha enseñado a confiar en él y a saber que hay más formas de comunicarse que por medio de palabras. Me ha enseñado la fuerza y la importancia de los abrazos, que una mirada puede ser el mayor regalo que recibas en tu vida y que solo su presencia es la demostración más grande de amor que existe.

5
NOEMÍ

P: Me gustaría que nos contaras algo sobre ti. Te hiciste unas pruebas hace un tiempo y el resultado fue sorprendente...

N: Sí. Para el 2 de abril de 2021, día del autismo, preparé una serie de directos en Instagram con el propósito de visibilizar y dar difusión al autismo, y conté algunas de las historias que conocía de primera mano: la de una mamá con dos peques con autismo, una profesora especialista en TEA, una mujer emprendedora con un peque autista que tuvo que cambiar de trabajo y emprender tras recibir el diagnóstico de su hijo... Cuando los preparaba, conocí a Sara, de @mujeryautista, y descubrí con ella un nuevo paradigma: el diagnóstico en adultos.

Realmente le estoy agradecida a la vida por colocarla en mi camino, porque ha sido uno de los grandes hitos de mi vida. Le escribí para decirle que sería muy interesante contar con su testimonio en esos directos y accedió. Reconozco que desde el primer momento tuve una conexión brutal con ella. Aunque *a priori* no tenemos nada que ver, siempre me he sentido muy cómoda hablando con ella y escuchándola. Hicimos el directo y empezamos a seguirnos en Instagram. A raíz de leerla y leer sus reflexiones diarias sobre sí misma, me fui sintiendo cada vez más identificada, y todo, absolutamente todo, resonaba en mi interior. Fui hablando más con ella. Le pregunté cómo había sido su diagnóstico, e insisto, me parecía todo tan familiar –cómo se sentía, cómo había sido su vida, las cosas que sentía–, que finalmente decidí hacerme las pruebas para saber si yo también estaba dentro del espectro autista. Me pasó el contacto de la clínica en la que le habían hecho las pruebas, en Barcelona, pedí cita y me respondieron que tenían una lista de espera de tres meses. Les dije que no tenía prisa...

P: ¿Cómo afrontaste ese camino? ¿Qué pensaste? ¿Tenías conocimiento del autismo en adultos?

N: Pensé que iba a abrir esa puerta y ver qué ocurría. Obviamente, conocer el diagnóstico de mi propio hijo, estudiar sobre el autismo, ver en qué se manifiesta... Ya me había llevado a plantearme que yo también podría serlo, pero no tenía referencias aduitas con las que contrastar para constatarlo. No sentía que me pareciera a nadie. No sabía que hubiera esa nueva dimensión: la de mujeres adultas, con sus vidas ya hechas, que descubren de golpe la respuesta a muchas de las preguntas que se hacían para las que no encontraban respuesta. Hasta que conocí a Sara y de pronto se abrió una nueva realidad para mí.

P: ¿Te daba miedo el resultado que pudiera salir?

N: No, para nada. Pensé que, en caso de que las pruebas indicaran que yo estaba dentro del espectro autista, seguiría siendo la misma persona, pero tendría respuestas a cosas que antes no entendía. Y si no salía dentro del espectro, al menos sabría en qué consisten las pruebas. Tenía que conocer cómo funcionaba todo aquello.

P: Retomemos el relato. Te dijeron que había una lista de espera...

N: Sí. Me registraron en lista de espera en abril y me llamaron a mediados de junio. El 29 de junio tuve la primera entrevista por videollamada con Inma, la psicóloga, y duró más o menos una hora y media. Inma me iba preguntando por mi manera de relacionarme, de afrontar determinadas situaciones; cómo me sentía después de determinadas circunstancias o cuáles eran mis preferencias en ciertos asuntos. Me llamó la atención ver a través de la pantalla cómo me devolvía una sonrisa mientras iba apuntando cosas a medida que yo iba contestando. Al darme cuenta también de que todo el rato asentía, me quedé con la sensación de que ya me estaba dando algo de información. Después de esa entrevista, me pidió que nos viéramos de forma presencial. Así que cogí un billete de AVE de ida y vuelta a Barcelona para el 7 de julio. Yo me imaginaba que haríamos algunas pruebas, lo que no esperaba es que duraran cuatro horas sin descanso. Allí me encontré con once pruebas más: test de memoria, de inteligencia, preguntas de cultura general, test psicotécnicos, definición de conceptos, cálculos matemáticos...

P: Es alucinante tu capacidad por asomarte a un abismo al que, a lo mejor, saltas. Y además no es un abismo desconocido, sino uno de conocido, y aun así...

N: Claro. Es que, ¿qué puede pasar?

P: Podrías sentir, por ejemplo, un miedo paralizante. Por como lo cuentas, parece que en ti prevalece la curiosidad por encima del miedo.

N: Puede ser. Y es que yo soy una temeraria. Cuando hay una roca que saltar, también soy la primera en saltarla [*sonríe*]. Si lo piensas bien, realmente a mí no me cambiaba nada. Se trataba solo de que me dieran o no un diagnóstico.

P: De todas formas, ¿crees que buscabas alguna explicación ahí? ¿Había algo que te motivaba?

N: Conocer más sobre mí. No hay más. Cuando digo que me he hecho mejor persona desde que nació Mateo, o que su llegada me hizo crecer mucho, también me refiero a esta parte del autoconocimiento. No sé si tiene que ver con la edad, con la maternidad, con una maternidad especial o simplemente es que estoy en mi momento de la vida de autoconocimiento, de crecimiento personal. Esto me pareció muy interesante: conocer el proceso del diagnóstico en el adulto. Saber qué se tenía en cuenta, qué parámetros se valoraban...

P: ¿Puedes profundizar un poco más en qué consistieron las pruebas?

N: Según el informe, creo que fueron once pruebas. Recuerdo que en una de ellas había unos cubos con una imagen diferente en cada cara. En una pantalla me mostraban un dibujo y yo debía replicar el mismo dibujo con los cubos, lo más rápido posible. Al principio eran sencillos, pero luego se iban complicando. Otra prueba consistía en memorizar secuencias de números dictados, en el orden en el que me los decían. Llegó un momento en el que los números tenían nueve cifras y debía decirlas de memoria. Primero en un orden, luego hacia atrás, y después intercalaban letras y tenías que sacar las cifras y ordenarlas, sacar las letras y ordenarlas, todo esto de cabeza. También me hicieron hacer cálculos matemáticos. Recuerdo pruebas de cultura general cómo quienes eran algunos personajes históricos, qué río era el más caudaloso, quién escribió determinado libro, etc. Como yo siempre he sido superbuena estudiante y todo eso siempre me ha interesado, me pareció una prueba muy curiosa. Después estaban las definiciones de palabras. Conceptos que a mí me pillaron muy descolocada, como «solidaridad», «confianza», «empatía»... No encontraba la forma de definirlas, de buscar sinónimos, tampoco me había preparado nada... Esta prueba me bloqueó un poco más.

Otra prueba consistía en contar un cuento. Me entregaron un cuento en el que solo había dibujos, sin letras ni texto y cuando acabé de contarlo pensé que lo había hecho superbién. Se ve que lo hice muy de acuerdo con los rasgos de una persona autista, porque fui muy literal: conté tal cual lo que estaba viendo. Recuerdo que lo hablé con Sara posteriormente, y le dije que había salido muy contenta, en plan: «Mira cómo se nota que tengo hijos, he contado superbién el cuento», y Sara me dijo: «Yo en el cuento fui un desastre. Con mi mente de autista, solo conté lo que veía». De repente, esa frase hizo eco en mí y pensé que yo había hecho lo mismo. Creo que ya me estaba dando cuenta de por dónde irían los tiros.

P: Esto es difícil para cualquiera, ¿no?

N: A mí, es que me gustan los retos. Y como no tenía ninguna expectativa de nada, tampoco tenía nada que perder.

P: ¿No tenías expectativa de cómo iba a ser el examen? ¿O sobre el resultado?

N: No. Siempre he estado muy tranquila en ambos sentidos. Realmente no me cambiaba nada y entendía que me explicaría cosas sobre Mateo, sobre por qué es como es, el origen. No tengo claro si el autismo es hereditario, porque tengo otra hija que no es autista; lo que sí sé es que es genético. Y aunque Mateo y yo no somos cien por cien iguales, pensé que hacerme estas pruebas probablemente explicaría su origen.

P: ¿Con aquel proceso acabaron todas las pruebas?

N: Después de aquello me fui a casa con cinco test más para rellenar y luego enviar.

P: ¿Después de la visita?

N: Sí. Eran unos test de personalidad, uno de depresión, otro de ansiedad y otros tres más. Los rellené y los envié. Y como prueba final entrevistaron a mi madre y a mi hermana para preguntarles aspectos de mi infancia, asuntos que yo probablemente ni recordaba. Mi madre no se acordaba de muchas cosas, pero al preguntarle cómo reaccionaba yo a diferentes situaciones de niña, a mi madre le llamó la atención que todas sus respuestas le recordaban mucho a comportamientos que vemos en Mateo.

P: Entonces te dan los resultados y...

N: Mucha gente piensa que estas pruebas no son concluyentes y, como ves, son supercompletas, exhaustivas y abarcan muchísimos aspectos. No es tan fácil, tras todas esas pruebas, y que el diagnóstico tenga fallos. Pero sigo. Con el análisis de todos los resultados, al final te dan un informe de veintitrés páginas. La psicóloga me lo explicó todo: qué había salido, qué puntuaciones tenía... Y llegó el shock: yo estaba dentro del espectro autista. Según ella, lo más determinante fue la entrevista con mi madre, porque se ve que durante mi desarrollo he ido adquiriendo las herramientas necesarias para adaptarme a las relaciones, enmascarando lo que no es natural en mí en el ámbito social. Le pregunté qué había que hacer a partir de ahí y me dijo que, tras el diagnóstico en adultos, se trata de trabajar con tu psicólogo especialista en autismo lo que crees que necesitas mejorar. No es que sea una egocéntrica, pero le dije que no sentía que tuviera que cambiar nada, que era feliz como era, tenía una vida plena y, por el momento, me sentía satisfecha conmigo misma.

Ese día, el 29 de julio de 2021, lo pasé un poco en shock porque, aunque algo dentro de mí me decía que el diagnóstico iba a ser el que terminó siendo, no acababa de creérmelo. Por la noche me llegaron el bajón por tantas emociones y la angustia. Estuve llorando mucho. Recuerdo que llamé a mi hermana Soraya, que vivía en Londres, y estuvimos dos horas hablando sobre muchas cosas, incluida esta. Creo que me ayudó a asentar y suavizar esta noticia, que fue muy impactante.

P: Se lo contaste, claro... Y ¿qué te dijo?

N: Que ella ya lo sabía. De hecho, cuando empecé todo el proceso, cuando yo tenía sospechas sobre mi diagnóstico, ella todavía vivía en Madrid y me decía que no le sorprendería que saliera que yo estaba dentro del espectro. No es una noticia que haya extrañado en mi entorno, realmente [*sonríe*]. Y desde que recibí el diagnóstico, como hice con Mateo, me he estado informando sin parar. Me dedico a buscar testimonios de personas adultas para saber cómo se sienten, y me siento muy identificada con ellos.

P: Un resultado así, siendo madre de Mateo, podría haberte caído como una bomba en tu conciencia; podría haber puesto patas arriba tu vida. Por suerte, tu forma de ser te acompaña, pero considero que se debería ir con cuidado...

N: No te entiendo...

P: Vale. Las pruebas que me dices que te hicieron son muy amplias. Me da la impresión de que la mitad de la población podría dar positivo.

N: En las pruebas, cada respuesta tiene una valoración diferente –la entrevista a mi madre no contaba–, y hay cosas en las que puntué muy bajo. A mí lo que me dijeron es que, dentro del autismo, tengo un perfil de alto funcionamiento, lo mismo que me habían dicho de Mateo, aunque probablemente la mayor diferencia entre él y yo esté en la dificultad con el lenguaje y la comprensión. Esto no es una prueba de la mítica *Súper Pop* en la que puntúas, te sale un resultado y ya está. Las pruebas que te hacen son bastante más complejas y, aunque yo las cuente con sencillez, son más complejas de lo que parece.

P: ¿Tú se las recomendarías a cualquiera?

N: A todos los padres que tengan peques con autismo les recomendaría que se hicieran las pruebas.

P: ¿Por saber?

N: Por saber, y porque a lo mejor podrán entender mejor a sus hijos.

P: Técnicamente, eres autista.

N: Sí, a ver, sí. Literalmente, sí. Probablemente con muchas herramientas que han facilitado mi adaptación. No sé si las he aprendido o ya las traía conmigo, o si por ser mujer tengo más desarrollada la parte social del autismo que un hombre. En cualquier caso, me siento satisfecha de la vida que llevo y de cómo he llegado hasta aquí.

P: Es importante que conste que te has hecho las pruebas en mitad de la escritura de este libro y que has pasado de ser mamá TEA a verlo desde dentro.

N: A mí me da miedo que, cuando salga el libro, la gente piense que he mimetizado tanto a mi hijo y mi propia maternidad que me creo autista. Pero esa es una sentencia que dista muchísimo de la realidad. No tengo ninguna necesidad de saber que tengo esta condición, y conocerlo ni me beneficia ni me perjudica. Íntimamente, y en un sentido muy profundo, saberlo da respuestas a muchas preguntas y conjeturas en las que me había quedado colgada muchas veces. Pensando en los demás, siento que puede haber muchas mujeres que cuando lean esto se planteen su propio diagnóstico. Mujeres hartas de no saber qué les pasa, que han sufrido ansiedad y depresión al darse cuenta de que no encajan en ningún sitio, y que podrían encontrar una respuesta.

P: ¿No ha cambiado nada en ti? ¿En tu forma de percibirte?

N: Ahora me respeto mucho más. Procuro no forzarme a hacer nada para lo que sé que no estoy preparada. Priorizo qué personas tengo cerca, si me nutren, si me hacen sentir a gusto y entendida. Me percibo más segura, aunque suene paradójico, porque ahora sé por qué siento lo que siento o por qué hay personas o situaciones con las que no quiero transitar.

P: Antes decías que recomendabas hacer estas pruebas a padres con niños diagnosticados con autismo. ¿Por qué? ¿Qué has entendido?

N: Ahora doy respuesta a algunas preguntas que me hacía, a cosas que no entendía. Te pongo un ejemplo: cuando hice la maratón de directos el día del autismo, tanta exposición, tantas entrevistas en las que estar atenta, mantener ocho horas de conversación..., aquello fue físicamente demoledor para mí. Tardé cerca de setenta y dos horas en recuperarme. Solo quería estar tumbada y no entendía qué me pasaba, qué me hacía estar tan agotada. Soy una persona superactiva, con mucha energía, y hago mucho deporte. En cambio, aquellas ocho horas me dejaron hecha un trapito. Ahora me doy cuenta de que muchas veces que estoy muy cansada es porque hay cosas que a mi cuerpo le cuestan más de digerir. Las relaciones sociales consumen toda mi energía a gran velocidad. De la misma manera que hay niños que después de hacer natación o atletismo llegan exhaustos a casa, hay otros a quienes les pasa lo mismo después de media hora de recreo. Simplemente tener que socializar con los demás, entender esos patrones y esas esperas, hablar de un tema que no les interese... es realmente agotador para ellos.

P: Mucha gente que te esté leyendo se sentirá identificada con eso, otros pensarán que eso es un rasgo de personalidad común al que ahora llamamos TEA...

N: ¡Ojalá! Cuantas más personas entren dentro del espectro, más visibilidad y normalización. Y, si hay tanta gente con esta condición, se destinarán muchos más recursos.

P: No sé si consciente o inconscientemente, estás respetando la diferencia, tanto con Mateo como contigo misma.

N: Sí, eso es. Y trato de entender e ir preparada. Si mañana tengo un evento en el que voy a juntarme con treinta personas, intento no tener nada en la agenda al día siguiente, aunque eso es realmente difícil por mi propia dinámica de trabajo. Anticipo porque sé que mi cuerpo luego va a responder así. Y no es que sea un esfuerzo, porque a mí no me cuesta estar con la gente, pero la forma en la que mi cuerpo lo recibe me hace estar exhausta después. Yo, durante la pandemia de COVID, era feliz permaneciendo en casa. No tener que hacer nada más que estar ahí con mis hijos me hizo feliz. En esa soledad en casa, he estado muy a gusto. En fin, mis amigos dicen que el diagnóstico va a ser una justificación para pasar de ellos [*se ríe*]. No, en serio, gracias a esto, quizá sea más fácil para ellos entender que no puedo socializar tanto como ellos esperan...

P: ¿Crees que gracias al diagnóstico empezarás a respetarte un poco más y harás que los demás también te respeten?

N: Probablemente. Justo en eso estoy.

P: Y, sin embargo, no has corrido a contárselo a tu comunidad. ¿Hay algo en ti que pide prudencia en este aspecto?

N: A ver, aunque a mí misma no me cambia nada, siento que es algo que tengo que digerir y asentar. Y creo que no se puede decir a la ligera. Quiero tratar este tema con muchísimo respeto e integridad. He leído declaraciones de personajes públicos que han sido diagnosticados de TEA, cuyas reflexiones me parecen un tanto frívolas y que tiran de tópicos. Creo que eso no ayuda nada al colectivo. Por eso, procuro hablar siempre desde el respeto y dignificando siempre a todo el colectivo autista. Si buscara la polémica, el movimiento en las redes, ya lo habría dicho. Pero mi finalidad no es esa.

P: Pero ahora lo estás contando...

N: La primera vez que hablé sobre mi diagnóstico en público fue en el programa de *Las uñas*, de ATRESplayer. Fue un tanto improvisado, pero recuerdo que se trató el tema con muchísimo respeto. Tuve cerca de cuarenta y cinco minutos para explayarme y explicar lo que había vivido y cómo lo había vivido. Y lo mismo con este libro: siento que es un ámbito diferente al de las redes, donde se pueden dar a entender cosas que no son y puede haber comentarios que lleguen a hacer daño. Aquí la comunicación es en una sola dirección.

P: Tienes claro que no quieres frivolizar con esto.

N: Exacto.

P: Tienes claro que es un tema sensible.

N: Sí, es un tema MUY sensible porque es la condición de cada uno.

P: Hace un momento has dicho que, para ti, un diagnóstico como este no cambia nada, pero ¿crees que puede condicionar negativamente a otra persona que lo reciba? ¿Puede desencadenar un proceso emocional?

N: Cuando decides empezar con las pruebas para el diagnóstico, sabes que hay posibilidades de que salgas dentro del espectro, porque si has llegado a ese punto es porque en tu cabeza ya resuenan muchas cosas. En el momento en que decides afrontarlo, ya tienes mucho camino hecho para que no tenga un impacto tan negativo. Hay personas que encuentran un gran alivio al conocer su propio diagnóstico. Aunque la noticia pueda ser un shock, para mí fue muy liberador. Pero me consta que hay otras que no aceptan la noticia...

P: ¿O les deprime?

N: Si es el caso, tendrán que trabajarlo, contactar con un especialista, ir a terapia para que les ayuden.

P: ¿Conoces a alguien que haya recibido el diagnóstico y se haya preocupado?

N: Sí, algún caso conozco. Y la negación es tal que no se lo han contado ni a su familia. En mi opinión, aunque pienso que cada uno hace lo que puede con la información que recibe, aceptar y respetar lo que eres es el mayor signo de amor que te puedes dar a ti mismo.

P: ¿Cómo crees que va a reaccionar la gente cuando lea esto?

N: Siento que habrá quien se asombre muchísimo y soltará la típica frase «Pues no se te nota». Y yo lo que les respondería es que quizá el autismo no es lo que les han contado y que si supieran realmente qué es o qué implica, podrían entender que yo sí noto mis dificultades. Otros pensarán que lo hago para ganar popularidad o porque me he vuelto loca con todo el proceso de mi hijo... Desde que me dedico a las redes sociales, me he dado cuenta de que hay gente para todo. Y que puede que haya muchas otras reacciones posibles que ni se me han ocurrido, pero mi gran verdad pasa por lo que yo creo.

P: Ahora mismo habrá gente soltando el libro para mandarte un mensaje...

N: Probablemente [*sonríe*].

P: A la vista de todo lo que hemos hablado, ahora sí que ya puedo afirmar con rotundidad que el autismo no es lo que yo creía que era.

N: Totalmente. Tampoco es lo que yo creía que era. No te puedo decir más, porque realmente para mí también es una sorpresa.

P: Pero eso es bueno, ¿no crees? Porque significa que la definición de autismo es muy amplia y muy compleja.

N: Si llega el día en que entendamos que podemos cruzarnos con un autista por la calle y no percibir absolutamente nada, o que seamos capaces de no darle mayor dimensión a las aparentes dificultades que presente, y solo procuremos hacer de este mundo un entorno más fácil e inclusivo para todos, entonces habremos alcanzado lo que yo intento lograr cada día en Instagram cuando hablo sobre autismo: la normalización y visibilización en todas las personas.

P: ¿La gente autista se percibe autista y lo pasa mal por esta razón?

N: Es que autista es la palabra, pero el concepto es tan amplio... Realmente, la gente con autismo tiene dificultades en las relaciones sociales. Siente que no encaja, que no pertenece a ningún grupo. Quizá yo no necesito los grupos grandes, a mí no me preocupa no pertenecer, pero hay muchas personas con autismo que sí quieren, pero no saben cómo hacerlo. Sienten que meten mucho la pata o que no llegan a entender las reglas generales de la comunicación de las personas. Les cuesta mucho llegar a integrarse en un grupo y por eso lo pasan mal. No sufren por ser autistas: sufren por las dificultades que tienen a la hora de relacionarse con la gente. Se sufre por la falta de sentido de pertenencia. Pero a mí, por ejemplo, eso no me afecta tanto.

P: ¿Y qué les dirías a esas personas?

N: Que piensen en ellas, que se prioricen a sí mismas, que su vida es suya y de nadie más, y que quizá esas personas con las que no encajan son personas con las que no tienen que encajar. Quizá esas no son las relaciones que de verdad les van a aportar el crecimiento interior que necesitan. Una noticia así solo se asienta leyendo e informándose mucho sobre el tema, y hablando con personas que hayan pasado por lo mismo. Y, sobre todo, con paciencia. Estas noticias hay que digerirlas sin prisas y con mucho cariño.

6
LA OTRA NOEMÍ

P: Ayer estuviste viendo una película de la que ya habíamos hablado, ¿verdad?

N: Sí, y no la había visto antes. Además, descubrí que, en su época, fue muy famosa y que Dustin Hoffman, que interpreta al protagonista, recibió el Oscar al mejor actor.

P: Y, sin embargo, no te gustó.

N: Nada, no me gustó nada de nada. Es cierto que hay que tener en cuenta que es una película de hace treinta años. La vi porque sentía que tenía la responsabilidad de saber cómo abordaban en ella el autismo, pero reconozco que no me gustó cómo lo hacían. Pienso que realmente no explica nada y que es muy ambigua con respecto al autismo. A eso se le añade que el personaje de Tom Cruise es de bofetón. También es cierto que representa muchas de las cosas que les pasan a las personas con autismo, pero no las explica. La falta de información junto con una atmósfera rara y confusa producen rechazo y miedo. Además, al final de la película el chico con autismo vuelve al centro en el que estaba encerrado al inicio; a mí eso me dejó con la sensación amarga de que no se puede integrar en la sociedad, ni con ayudas, ni con herramientas, ni con nada. Por un lado, veo la evolución y en qué buen momento estamos ahora, en comparación con entonces, y eso me anima; pero, por el otro, pienso que qué mal si la gente ha pensado durante treinta años que eso es el autismo.

P: Yo diría que la película juega un poco a que el personaje de Tom Cruise caiga mal...

N: El personaje de Tom Cruise rapta a Raymond para pedir el dinero que le corresponde de la herencia. Es muy bruto con él todo el rato, no tiene en cuenta sus tiempos, sus rutinas... No respeta nada... Me puso muy nerviosa, la verdad.

P: ¿Y no te parece un logro de la película el hecho de que tú empatices con Raymond, que te percates de lo atropelladas que las personas con autismo están por gente tan bruta...?

N: Cuando dices «atropelladas» entiendo que te refieres a que a las personas con autismo se les exige rapidez e inmediatez sin respetar sus tiempos, ¿verdad? Uno de los problemas que le encontré es que no explica por qué a Raymond le pasan las cosas que le pasan. Cuando se pone nervioso y empieza con las **ecolalias**... Creo que hasta ahora no hemos hablado de ellas: las ecolalias son la repetición de frases, palabras o sonidos, muchas veces descontextualizadas. En la película da la sensación de que eso es algo inevitable, que sería así todo el tiempo, y que Raymond es una persona muy rígida. Es cierto que muchos autistas tienen dificultad para ser flexibles, pero eso se puede trabajar. En otra de las escenas, están en un casino y da a entender que, gracias al cerebro autista, puede concentrarse en determinados datos y detalles, y, en consecuencia, ganar mucho dinero. Esa manera de recibir información provoca que, cuando hay exceso de estímulos, le salten las alarmas y pueda colapsar... La película no explica nada de eso.

P: Sin embargo, está bien retratado. Es decir, no hay duda de que él es autista.

N: Me pasa lo que me va a pasar con este libro, y es que el autismo es tan amplio que es difícil verlo representado. Si me preguntas si Mateo es así, yo diría que no, que no se le parece en nada. ¿Yo soy así? No, tampoco me parezco en nada a él.

P: Ahora has visto qué hace la cultura de masas con el autismo. Como dice el refrán, «De aquellos polvos, estos lodos».

N: Por eso creo que queda tanto por hacer. Estamos en el buen camino, y doy gracias por ello, pero no ha ayudado nada esa imagen que se ha dado de ellos.

P: No quiero meter cizaña, pero me da la impresión de que te duele algo que tiene que ver con los límites de Mateo. Cuáles son sus límites, hasta dónde puede llegar.

N: ¿Cómo?

P: Tengo la sensación de que crees que Mateo necesita ser impulsado.

N: Probablemente ser potenciado... Ver en él más allá de lo que todo el mundo ve. Lo que siento es que no hay que retenerle ni taparle o cortarle su forma de expresarse. Lo que sí hay que hacer es ayudarle a sacar lo que está en su ser, en su interior. Y más, tratándose de un niño que aprende mucho.

P: ¿Y por qué dirías que tienes esa pena dentro?

N: Es algo que he trabajado con la psicóloga y no quiero ponerme a llorar cuando hablo de Mateo, pero no puedo evitarlo... [*se le corta la voz*]. Es probable que me vaya a costar mucho más tiempo de lo que pensaba poder hablar de él sin emocionarme [*llora*]. Lloro porque estoy orgullosa de él, de cómo se esfuerza día a día, porque tengo mucha confianza en él, en lo que va a ser y en lo que va a hacer. Llegue a donde llegue, voy a estar siempre muy orgullosa de él. «Lloro bonito» es una expresión que me gusta mucho y que siempre asocio a esto que estoy sintiendo ahora mismo. Y también lloro porque siento una duda constante sobre si estaré haciendo todo lo posible y necesario para que saque lo mejor de él mismo. Una duda que me remueve. Y es que, cuando hablas con cualquier madre con un peque con necesidades especiales, te das cuenta de que todas compartimos ese sentimiento.

P: ¿Guardas errores? Es decir, ¿te castigas por haber cometido algún error?

N: Todos cometemos errores, pero no me castigo por ellos, porque la vida es una cuestión de probar y ver si te sale bien o no. Sí que me hubiera gustado llegar hace años al punto en el que estoy ahora, aunque también siento que era el camino, que era imposible estar donde estoy ahora en aquel momento. Y es posible que dentro de tres años esté en un punto más allá del que estoy ahora, en el que pueda hablar de ello con más serenidad, sin tanto sentimiento. No me arrepiento de nada, solo me hubiera gustado haber sido capaz de asumirlo todo más rápido y que en mi casa se hubiera asumido todo de otra manera.

P: ¿A qué te refieres con «en mi casa»? ¿Hablas del hogar, de tu pareja...?

N: Sí, de mi hogar. Pero insisto en que no me arrepiento de nada. He hecho todo lo que podía y eso marca mi vida: si estoy haciendo todo lo que puedo, me siento satisfecha. Si en algún momento tengo la sensación de que podría hacer más, es cuestión de remangarse y ponerse manos a la obra.

P: ¿Consideras que, en general, eres muy dura contigo misma?

N: Soy muy exigente conmigo misma y, lamentablemente, con los demás. Esto es uno de mis grandes desafíos porque con los demás no se puede ser tan exigente. Es algo que me frustra mucho.

P: ¿Te refieres a que no puedes tener expectativas?

N: Es algo que he asumido. Cada uno tiene puesto su propio listón en la excelencia que busca en las cosas. El mío lo tengo muy alto. Soy perfeccionista y exigente, y muy disciplinada. Y, aun con todo, pienso que me he vuelto más flexible. Cuando era más jovencita era muchísimo más intransigente.

P: Es decir, que te permites fallar y errar.

N: Sí. Y es que, aunque suene a tópico, cuando me equivoco, ese error no me paraliza: pienso que he aprendido alguna cosa y, sobre todo, que todo pasa siempre por algo.

P: Estoy seguro de que, leyendo este libro, habrá quien piense que vas muchos pasos por delante, por delante de ellos.

N: ¿En qué sentido?

P: En determinación, actitud, información... ¿Te has sentido la última en algún momento?

N: Sí, por supuesto, cuando me comparo con las que van por delante de mí, que tienen hijos mayores y que empezaron el camino varios años antes que yo. Me siento a rebufo de ellas, pero eso me sirve para aprender, para formarme, para seguir creciendo. Las tomo como un ejemplo. Es el caso de Natalia, de @crecer_contigo, me maravilla cómo trata el autismo, la anticipación. O de Tati, de @autismoenpositivo_, me parece superreferente también porque es muy didáctica. Pilar, de

@casazulcolombia, tiene un hijo con autismo ya mayor y además es *coach* en **RDI**, me parece fantástica motivando y explicando roles sociales y comportamientos en las familias. Hay muchísimas cuentas de las que aprendo cada día y que me han hecho cambiar el enfoque y entender que hay que educar e informar a la gente en vez de exigir que se comporte de una forma determinada ante algo que desconoce.

P: ¿Te sorprende ser un ejemplo, un referente, de madre de un niño con autismo?

N: ¿Me preguntas si me sorprende o si me preocupa?

P: Ambas.

N: Al final, estoy muy expuesta y me siento tremendamente responsable de lo que pueda compartir, porque el altavoz que tengo es enorme y las familias con peques con NEE pueden llegar a sentirse muy identificadas con lo que comparto. Y procuro siempre tener mucho cuidado para no meter la pata ni que a nadie le siente nada mal.

P: ¿Sabes que lo estás haciendo bien, que eres un referente?

N: No sé si lo estoy haciendo del todo bien o no. Pero lo hago con todo el sentido común que puedo, y con todo el corazón y todo el cariño que nacen de mi interior. E insisto, yo no soy especialista en autismo, solo una madre que cuenta su experiencia y que se ha sentido muy sola en muchos momentos. Me gustaría que cualquier persona en mi situación se pudiera ver, aunque fuera un poco, acompañada. Yo hago lo que a mí me funciona, pero a quien le funcione otra cosa, pues que no salga de ella. No sabes cómo me sorprende que haya personas que se fijen en mi manera de hacer. Me cuesta mucho asumir los mensajes de agradecimiento. Es que lo paso fatal realmente porque no siento que esté haciendo nada superespecial. Me cuesta mucho asumirlo. Y es que nunca jamás hubiera esperado que lo que comparto sobre el autismo tuviera la repercusión que está teniendo.

P: ¿Qué repercusión crees que está teniendo?, y ¿por qué piensas que te cuesta hablar de todos esos mensajes bonitos que te llegan?

N: Porque hay una parte que me descoloca un poco. Supongo que no es lo mismo publicar una foto con un vestido y que alguien me diga que le gusta, que contar que para hablarle a un niño con autismo tienes que agacharte y ponerte a su altura, y no esperar una respuesta inmediata, sino tener paciencia y darle unos segundos para que te conteste a su ritmo, y que al cabo de tres días me lleguen mensajes de personas que me dicen que les encanta lo que he dicho y que lo están probando. A lo mejor me es más fácil ver la influencia en lo que atañe a lo material.

P: Pero ¿por qué te afecta recibir un mensaje de una madre que te dice que le funciona lo que has dicho?

N: Pues..., porque yo no lo tuve [*se le quiebra la voz*]. Qué difícil es esto... [*llora*]. Porque yo no lo tuve y me hubiera encantado tenerlo, y no haber aprendido a golpe de caídas. Me hubiera gustado tener una guía o a alguien cercano que me enseñara.

P: ¿Qué le dirías a Noe, después de cuatro años de recibir batacazos? ¿Qué le dirías a una madre que acaba de recibir un diagnóstico?

N: Qué difícil es contar todo esto... [*suspira*]. Nunca lo había contado con tanta profundidad y desde tantos ángulos, y siento que ahora está saliendo todo... [*se repone*]. Le diría que aguante el chaparrón inicial, que es muy complicado, pero que va a pasar. Y algo muy claro que nadie te va a decir nunca: no te quedan más alternativas, no hay elección. Hay cosas en la vida que puedes elegir, pero esta no. Y si, desde mi ventanita, te puedo ayudar, si te ves identificada o mi caso te sirve para sobreponerte y llevarlo mejor, me alegro porque es lo mejor que vas a hacer por ti y por tu hijo. No se trata solo de entender qué hacer con un peque con autismo, que para eso ya hay profesionales, gente con muchísimos estudios, artículos, libros y de todo; sino de saber que se puede seguir viviendo, que puedes ser igual de feliz en la vida. Decir esto, compartir esto, creo que es mi lugar en este tema. No vengo a enseñar a nadie, pero a lo mejor, leer todo esto que comparto, le puede aliviar la carga a alguien.

P: Centrémonos un poco más en todo tu proceso. ¿Podrías determinar cuánto y en qué has cambiado en estos años?

N: Cuánto, no lo sé, porque creo que sigo siendo la misma persona, pero con matices y con una visión más amplia y empática, más flexible, respecto a la maternidad y a la vida. Como ya he contado, he sido superrígida siempre debido a la educación que he recibido, y con la llegada del diagnóstico de Mateo, de repente, me di cuenta de que hay realidades diferentes a la mía y que también están bien. Este proceso me ha llevado a enfocar la maternidad de una manera que antes habría criticado, a pensar que «cada cual lo hace lo mejor que puede con lo que tiene», una frase que dice mucho mi hermana al referirse a nuestros padres. En definitiva, la llegada del diagnóstico de Mateo a mí también me llevó a no juzgar otros tipos de maternidades.

P: ¿Antes sí las juzgabas?

N: No explícitamente. Jamás le diría a alguien que no lo está haciendo bien o que tiene que hacer las cosas de otro modo, aunque pudiera pensar que yo lo haría de otra manera. Seguramente, por mi propia educación, veía en la crianza algo mucho más autoritario, pero desde el diagnóstico de Mateo, ya no pienso así. Cuando miro a los demás, ya no creo que lo podrían hacer mejor de otra forma, sino que cada uno tiene la suya y está bien. Todo esto también me ha enseñado que, si no lo has vivido, nunca lo vas a entender. Hasta que lo vives, no entiendes a las madres que tienen peques con necesidades especiales, no comprendes por lo que están pasando, ni sus miedos e incertidumbres; por qué a veces se rompen en mil pedazos o por qué hay parejas que no superan una noticia así.

P: Me da la sensación de que has convertido una dificultad en una fortaleza. En lugar de ser una madre con un cuadro difícil, pareces una madre que ha sacado fuerzas de la flaqueza.

N: A mí Mateo me ha hecho muy fuerte.

P: ¿Consideras que este es un mensaje que se le puede transmitir a la gente que esté leyendo el libro?

N: Sí, lo que pasa es que al principio no se ve. Primero te van derivando de un médico a otro, de un terapeuta a otro, y te dejas llevar. Con el tiempo te das cuenta de que te has hecho más fuerte, pero tardas en apreciarlo. Y luego, si miras atrás y piensas en todo lo que has logrado, te sientes muy satisfecha.

P: No hemos hablado mucho sobre el futuro. Dices que dejas muy abiertas las posibilidades, que no piensas en cómo será. ¿Crees que esta fuerza con la que te sientes, que has incorporado, afecta también a tu gestión del futuro? Dicho de otra forma: todos vivimos con un proyecto de vida, con la mirada puesta en el futuro, ¿piensas que parte de tu transformación y aprendizaje te han llevado a no vivirlo así? ¿A afrontar el futuro de otra manera?

N: Puede ser. Cuando tienes hijos, a veces, proyectas cosas en ellos que igual les quedan muy lejos. Con la llegada de un peque con necesidades, te das cuenta de que no puedes proyectar lo que tenías en mente, y menos a largo plazo. Mis objetivos son muy cortoplacistas. Es decir, necesito que cuando ande tres pasos seguidos, no se caiga: trabajemos en ello.

Necesito que estructure una frase, no importa si tiene tres años y lo consigue a los diez, la idea es que lo consiga. Más que objetivos cortoplacistas, son flexibles.

P: No son ambiciosos.

N: Exacto. Y después sucede que tu hijo te sorprende y se presenta con algo que no te hubieras esperado ni imaginado. Eso es lo mejor. Eso a mí me da muchísimo subidón. Por eso yo digo que, con Mateo, se celebra todo siempre. Cualquier acontecimiento que podría considerarse supercorriente en otra casa, aquí se celebra con una fiesta. Eso también lo he trasladado a Manuela: cualquiera de sus logros, se los celebro mucho. Y no es que lo planee así: me sale espontáneamente. Al final es que no me centro en lo que Mateo no consigue y no hace, sino en lo que sí consigue y en lo que hace.

P: Para simplificar: no se trata de lo que no es capaz tu niño, sino de lo que sí es capaz.

N: Eso es. De lo que consigue y está consiguiendo.

P: Es curioso ver tu enfoque tan comprensivo y tener presente, a la vez, que acabas de recibir un diagnóstico que dice que no eres una persona demasiado empática. Porque la verdad es que da la impresión de que tienes empatía a raudales.

N: Una cosa es que yo entienda lo que tú sientes y otra muy distinta es que yo lo sienta contigo. Esa es la diferencia. Yo entiendo cómo te sientes probablemente porque es una herramienta aprendida, que es lo que le ocurre a Mateo: él aprende las cosas porque se las hemos enseñado, no porque le salgan naturales o sean innatas en él. Eso es lo que me ocurre cuando digo que comprendo al resto de las madres, que sé lo que están sintiendo.

P: Cuatro años después de recibir el diagnóstico de Mateo, ¿cuáles dirías que son tus miedos por lo que a él respecta?

N: Mi miedo más inmediato es la relación con sus compañeros de clase, porque es un sitio en el que no estoy y en el que no puedo protegerle. Necesito vivir con la certeza de que está cómodo en clase, de que no va a sufrir un acoso por ser diferente. A los siete u ocho años, los niños empiezan a darse cuenta de muchas cosas, y no sé si Mateo se desarrollará a esa velocidad. En ese sentido, mi desafío más inmediato es que esté al mismo nivel emocional, o lo más cerca posible, que sus compañeros. Ese es el reto, un reto muy complejo, por eso hice el proyecto que hice, porque sentía que necesitaba educar a los padres de sus compañeros. Lo llamé «Plantea» y consistía en que el autismo estuviera más presente en las comunicaciones que desde el colegio se mandaban a los padres. Propuse distribuir carteles por el colegio con pequeños *tips* sobre lo que SÍ era y lo que NO era el autismo, y que se enviaran notificaciones con información sobre autismo a los padres, etc. Al final, pienso que, si los padres de los niños que comparten el entorno con Mateo saben lo que es el autismo, será mucho más fácil que puedan comunicárselo a sus hijos y darle al asunto toda la normalidad que tanto busco.

P: ¿Cuáles son los hitos a los que sabes que vas a llegar, sobre los que quizá te han advertido? Una edad o un punto del desarrollo sobre el que te han dicho que volverás a sudar. ¿O consideras que ya ha pasado lo peor?

N: Cada etapa es muy diferente a la anterior, y cada una de ellas conlleva sus logros y sus desafíos. Muchas veces, cuando Mateo nos sorprende con un avance, nos sorprende también con nuevas dificultades. Pasa muy a menudo: hay una explosión en el desarrollo, y de pronto aparecen nuevas situaciones que pueden hacer que se frustre. Bien porque entiende más, porque es más consciente de lo que le rodea, porque quiere alcanzar o hacer algo... y, sea como sea, su cuerpo y su cerebro tienen que habituarse a una nueva realidad. Cada nuevo desarrollo trae consigo nuevos desafíos.

P: Al inicio, cuando recibiste el diagnóstico de Mateo, te sentías muy sola. Después de hacer pública la condición del autismo en casa, por decirlo de alguna manera, ¿sientes que tienes compañeras en las que apoyarte?

N: Aquí diferenciaría dos tipos de apoyos: el de aquellas compañeras que no tienen nada que ver con el autismo y que han pasado a ser amigas y, por lo tanto, se interesan, preguntan y, sobre todo, acompañan mi estado de ánimo –que va cambiando según el desarrollo y la evolución del peque–, y además se interesan y quieren aprender conmigo sobre el autismo; y luego está el de aquellas compañeras dentro del colectivo autista –ya sea porque son mamás TEA o son adultas diagnosticadas– de las que aprendo muchísimo y sé que, siempre que expreso algo relacionado con alguna dificultad de esta maternidad, me entienden absolutamente porque también lo viven. Por otro lado, también me he encontrado con compañeras que tienen peques con autismo, aunque ellas no lo han hecho público, pero con las que sí comento temas relacionados con estas maternidades.

P: ¿Solo contigo?

N: Sí. Muchas no han publicado en las redes su realidad TEA, pero me dicen que les gusta mucho ver a Mateo porque en él ven reflejados a sus propios hijos.

P: Y la compañía es otro rollo.

N: Sí, pero ¿sabes qué me pasa? No sé si es por mi propia personalidad, pero tengo la sensación de que quien no pasa por esto no me puede entender tan bien como quien lo ha vivido. Solo las personas que viven y experimentan una maternidad así saben detectar en un vídeo de quince segundos que yo publique cualquier matiz, por sutil que sea, que les dé pistas de que ese día hay algo que no ha funcionado como pensaba o que, por el contrario, ha habido un logro que en cualquier otra casa pasaría desapercibido, pero que alguien que vive nuestra realidad lo celebra como un gran éxito. A eso me refiero con la compañía. También está el otro extremo: como te pasas todo el día hablando sobre autismo a veces también quieres hablar de otros temas.

P: A ver, es que tú eres así.

N: Es que esto va mucho de sensaciones, de cómo te sientes y qué necesitas.

P: ¿Has probado a unirte a grupos en los que apoyarte?

N: No.

P: ¿Has preferido tirar sola?

N: Te diré que durante varios años ni siquiera era capaz de unirme a una asociación. No era lo suficientemente fuerte para ver otros tipos de autismo que no fueran similares a lo que experimenta mi hijo. Me impactaba mucho acercarme a otras realidades, y cuando veía familias con peques con autismo severo, con estereotipias muy marcadas, y en muchos casos no verbales, me sentía una impostora por tener un hijo autista que manejaba algunas herramientas en la comunicación. Me sentía mal y no me sentía *digna* de estar en esos círculos. Pero me di cuenta de que nuestra realidad, aunque es un autismo distinto, también conlleva sus dificultades y no debe menospreciarse tampoco. Reconozco que poder compartir conversaciones con otras familias dentro del espectro me ha enseñado muchísimo sobre nuestra situación.

P: ¿Crees que hay quien se victimiza un poco como madre o padre?

N: Bueno, cada uno lo vive a su manera y es totalmente respetable. Aunque estoy absolutamente convencida de que victimizarte, por dura y difícil que sea la situación, no te va a dejar avanzar y ponerte manos a la obra, y, en este caso, al primero que vas a perjudicar es a tu hijo. Este es un pensamiento que deberíamos grabarnos como un mantra: si tú estás mal, el gran perjudicado será tu hijo.

P: O sea que, si te victimizas, ¿perjudicas a tu hijo? ¿Es así de duro?

N: Sí. Tal cual. En cambio, encarar esto como viene, poniéndote manos a la obra, buscando información y ayuda si la necesitas, es una actitud que solo puede beneficiarte. Si por el contrario no sales de las etapas de duelo y negación, vas a retrasar todo el trabajo que se pueda hacer con el peque. .

P: ¿Y si no puedes?

N: Es una posibilidad; pero en este caso no es una opción. Entiendo que según la etapa en la que te encuentres, puedes tener más o menos fuerza, más o menos empuje. Pero no te quedan más alternativas que poder. Cuando algunas personas me dicen que en mi situación no podrían actuar como yo lo hago, siempre les digo lo mismo: en realidad sí podrías. Es que tu instinto, la protección, la supervivencia... te llevan a poder. Tu cuerpo te va a pedir que saques a tu hijo adelante, es la naturaleza. Obviamente, se necesita ayuda; yo necesité y pedí ayuda también, sobre todo psicológica, porque no siempre sabemos con qué herramientas contamos para la gestión de nuestras emociones. Nos bloqueamos, nos negamos... En mi opinión, acudir como madre o padre a un psicólogo o un terapeuta no te hace más débil, todo lo contrario: te está haciendo mucho más fuerte y ágil, y así, cuando llegue alguna situación dentro del proceso que no sepas manejar –porque, créeme, va a haber muchas de ellas–, vas a disponer de la información y la experiencia para sacarlo adelante.

P: Temo que la gente pueda verte como una *Wonder Woman*...

N: Todo lo contrario: te prometo que no creo que haga nada diferente de lo que cualquier madre o padre en una situación parecida harían.

P: ¿Qué haces cuando tienes un día más de bajón?

N: Antes prefería estar ocupada porque sentía que acallaba esa sensación, no me permitía estar así. Era como si *no pudiera* estar triste. No me permitía *caer*. Sin embargo, ahora he aprendido a transitar esas emociones también, porque son tan válidas como las demás. Ahora no lucho contra esos sentimientos porque entiendo que esta realidad es compleja en muchas ocasiones y que tal como vienen se van. He aprendido a esperar y que todos esos bajones fluyan. Entenderlos y aceptarlos.

P: ¿Tú no te sientes limitada?

N: Sí, en muchas cosas. Pero mi sensación es que, aunque ahora no pueda, encontraré la manera de hacerlo –si realmente merece la pena– y eso hace que saque la motivación que necesito. Reconozco que también me he llevado mis dosis de realidad al intentar hacer algo y comprobar que realmente no era posible. Para mí es muy difícil aceptar que hay cosas a las que no llego. Soy demasiado exigente, y esa limitación a veces es un poco frustrante.

P: En otro capítulo, cuando te he preguntado sobre elegir entre la presencia o no de autismo, has afirmado que, si pudieses escoger una vida más fácil para tu hijo, lo harías. Pero ¿y tú? ¿A ti esa elección te haría la vida más fácil?

N: La visión de la vida que me ha dado Mateo me hace más feliz de lo que era antes.

P: ¿Lo crees de verdad, o son palabras vacías?

N: Es absolutamente cierto. Soy más tolerante, más flexible y disfruto más de los pequeños detalles de la vida que, a los ojos de tantas y tantas personas les pasan desapercibidos. Para mí son un disfrute absoluto esas pequeñas cosas, de verdad. Disfruto de cada momento. Obviamente no quiere decir que me alegre de que mi hijo tenga esos desafíos que me han permitido tener la visión de vida que tengo. Si me hubiera quedado como era antes de la llegada de Mateo y ayudado con ello a que él tuviera una vida más sencilla, no tendría ninguna duda. Lo priorizaría absolutamente siempre.

P: El autocuidado en todo esto es esencial.

N: Mucho.

P: Hay mucha gente que te conoce y se puede hacer una idea de qué haces tú en ese aspecto, pero ¿puedes explicarlo un poco? ¿Cómo eres, más allá de lo que vemos en los *stories*? ¿Cómo te cuidas? O incluso, ¿qué es Instagram para ti? ¿Forma parte de tu autocuidado?

N: Procuro que lo que muestro sea un fiel reflejo de mi vida tal como es. En los quince segundos que dura un *story* es imposible que nadie te conozca o sepa realmente qué está ocurriendo, pero reconozco que he conseguido un equilibrio entre esa realidad y la de mi propia vida. Sí es cierto que siempre tiendo a cuidar mi imagen, pero eso es algo que es inherente en mí, incluso antes de dedicarme a las redes.

Antes de trabajar con este grado de exposición, ya me arreglaba, me maquillaba y me preocupaba por mi aspecto. Pero, además, en la situación que tenemos, con un peque con dificultades, teniendo que lidiar con mil trabas y con toda la exigencia que conlleva un estilo de vida así, verte bien, sentirte a gusto contigo misma, te proporciona muchísima seguridad para enfrentarte a los nuevos desafíos. Y no hablo de tener un cuerpo más o menos normativo, sino de sentirte bien contigo misma. Si vives una situación complicada y te ves mal, te sientes mal... eso no hace más que añadir una frustración que puede empañar la situación, y puede llevarte a identificar el autismo como el principal agente de tu estado de ánimo, y no es así. Realmente es tu propia satisfacción –o insatisfacción, en este caso– la causante de cómo te sientes.

P: ¿El autocuidado es verte bien a ti misma?

N: Sí, tanto física como mentalmente. Desde que recibimos el diagnóstico de Mateo me he preocupado mucho más de gestionarme por dentro. De mi crecimiento personal, de conocerme, aprender a entender mis emociones y a desarrollar y usar herramientas sociales para comprender a los demás. Y también de cuidarme por fuera, de tener mi propio espacio de tiempo para mí sola. Es algo que todos los cuidadores TEA deberían tener muy presente. A mí me gusta hacer deporte para desconectar, o leer, pero no leer en una pantalla, sino un libro físico, me da muchísima paz. Otros preferirán darse un baño, un masaje, cocinar, etc. Lo que te haga feliz para desconectar y encontrarte a ti misma, aunque sean cinco minutitos. Ese tiempo de autocuidado sin duda es lo que va a potenciar la seguridad en ti misma. Y eso se proyecta también en casa.

P: Y es que, para enfrentarte a los problemas, tienes que sentirte fuerte.

N: A veces no me siento fuerte. Muchas veces, de hecho. Pero me repito que sí lo soy, aunque no lo esté sintiendo [*ríe*]. Como si, a base de repetirlo, me lo creyera más [*ríe*]. Así que sí, hay que ser fuerte todo el tiempo que se pueda, y cuando no se puede, también debemos aflojar y descansar. Esto es una carrera de fondo.

P: Una buena conclusión es que no debes descuidarte. A pesar de tener que enfrentarte a dificultades, no debes quitarte el ojo a ti misma.

N: Eso es. Descuidarte a ti misma solo te va a poner las cosas más difíciles.

P: Retomemos lo de tu imagen. Has dicho que has cambiado mucho en este tiempo, pero ¿crees que tu imagen pública también ha cambiado?

N: Siento que hubo un antes y un después de la exposición de nuestro diagnóstico. Creo que antes se tenía un concepto mucho más frívolo de mí, más superficial o a lo mejor una idea de persona más básica. Insisto en que me cuidé mucho y me protegí para que nada de esto pudiera hacernos daño a mí ni a mi familia, y probablemente por eso pude proyectarlo en las redes. Pero desde que se sabe que hay necesidades especiales en casa, he sentido que mi comunidad al menos se abre muchísimo más a contarme sus sentimientos, las situaciones que viven y cómo las viven. Y eso me encanta y me sorprende a la vez: que puedan tener tanta confianza en mí, porque te reconozco que hay personas a quienes he conocido en las redes y que ya siento como si fueran de mi familia. También yo me abro mucho más: he aparecido en mis redes llorando porque he vivido alguna injusticia del sistema con el colectivo, o por mi visión como madre, o incluso cuando ha habido alguna situación bonita que me ha emocionado.

P: Quien frivolizara contigo antes daba por hecho que tú eras solo las cuatro cosas que subías a las redes. Quiero decir que podemos hablar mejor o peor de un perfil, pero no tenemos ni idea de por lo que puede estar pasando esa persona, qué fondo tiene. ¿A ti te ha indignado alguna vez ver ese cambio de la gente hacia ti? Me refiero a que hubiera gente prejuzgándote.

N: No, todo lo contrario. Más bien me sorprendió que la noticia pudiera generar ese cambio de perspectiva.

P: Porque, ¿cuánto tiempo llevas en Instagram?

N: Más de seis años ya.

P: Es decir que una de las épocas más oscuras, cuando recibiste el diagnóstico de Mateo, ¿casi coincidió con tu decisión de empezar?

N: Sí, profesionalmente coincidió. Empecé a trabajar en las redes, me incorporé como talento en la Agencia Belleville y profesionalicé mi perfil. Ahora me doy cuenta de que probablemente fuera la respuesta a mi necesidad de pasar tiempo con Mateo. Necesitaba un trabajo que me ayudara a conciliar mejor.

P: Ya, pero dudo que empezaras esto para convertirte en...

N: No. Cuando comencé en Instagram fue por el puro deseo de sentirme acompañada en el embarazo de Mateo. Era una forma de conocer a otras mamás, con las que fui haciendo amistad. Yo no cobraba nada por subir contenido en las redes y fue así durante cerca de dos años. Después de que naciera Manuela, empecé a hacer trabajos en las redes que sí me daban algún rédito económico y, a los seis meses de cobrar mi primer trabajo, cuando vi que podía equipararlo al sueldo que tenía en mi otro trabajo, pedí la primera excedencia. Hasta entonces había sido una locura mantener los dos trabajos, la casa, los niños, las terapias, etc. Quien más me animó a dedicarme profesionalmente a las redes fue Borja, realmente, y cuando vimos que podía dar el salto, no lo dudé.

P: Volviendo a los prejuicios, no dejo de darle vueltas al tema de que la gente no sabe el trasfondo que puede haber en el perfil de una chica que está en las redes, ni tampoco sabe qué hace con su dinero. Tú estabas buscando un rendimiento económico para poder pasar más tiempo con tu hijo...

N: Sí. Fue una época superdura. Yo no había dicho aún nada sobre el diagnóstico de Mateo y me había cogido una excedencia. Recuerdo que tenía que aguantar comentarios como «Te has cogido una excedencia para irte de eventos y dejar a tu hijo en una escuela infantil». No sabes cuánto me dolía aquello. Y más cuando mi hijo necesitaba ir a la escuela infantil porque era su manera de empezar a *trabajar* en terapia. Yo no dejaba a mi hijo en la escuela para que me lo cuidaran; lo hacía porque todo lo que allí ocurría era necesario para potenciar su desarrollo. Me llegaban muchísimos comentarios de este tipo y me daba mucha pena que se difundiera una imagen que nada tenía que ver con la realidad.

P: ¿Era envidia mal canalizada?

N: No lo sé. En cualquier caso, aquello fue muy doloroso y tremendamente injusto. No es como cuando alguien critica tu forma de vestir; están juzgando tu papel como madre sin tener ni idea de lo compleja que pueda ser la realidad que tienes en casa.

P: Lo que no termino de entender es por qué te remueve tanto ese inicio...

N: Me remueve porque fue una época de mucha soledad, de mucha incertidumbre, en la que tenía mucho miedo. Si pienso en esos primeros pasos tras el diagnóstico, se me pone un nudo en la boca del estómago, como si tuviera vértigo. Me sentí como si estuviera en un bosque a oscuras, lleno de animales salvajes, con mi hijo en brazos y la única intención de protegerlo de no sabía qué. Me remueve demasiado recordarlo. Siempre digo que a mi hijo no quiero que le roce ni el viento, y aquello era algo de lo que yo no lo podía proteger, porque era su propia realidad. Me obsesionaba con el futuro, con su autonomía, con que nadie le hiciera daño nunca...

P: Lo pasaste mal.

N: Sí. Voy a llorar otra vez [*llora*].

7
EL ENTORNO

P: Me interesa mucho la relación de Mateo con sus profesores. ¿Cuántos tiene en total, sumando los diferentes ámbitos? ¿Cómo son o cómo deberían ser? ¿Qué metodología aplican?

N: Hasta los tres años, Mateo tuvo a la profesora que detectó su condición, Marina, a la que estaré siempre muy agradecida por tener el valor de decírnoslo y por llevarlo con tanto cariño. En la escuela infantil también trabajaba una hora a la semana, en horario escolar, con una logopeda, que se llamaba María, y una con una **PT** que se llamaba Candela. Fuera de la escuela, en el centro privado Tándem, trabajaba con Curro, PT, integrador sensorial y fisio, y finalmente con dos logopedas más durante los dos primeros años de abordaje. Es decir, durante su etapa infantil tuvo seis profesores.

Ahora, en el cole, tiene a Marina, su tutora de clase con el resto de los peques neurotípicos, a Carla y a Bea, las dos profes del «Aula de las estrellas» –que es como llaman al aula TEA en su escuela–, que son maravillosas y le hacen el acompañamiento diario. Cada vez que recojo a Mateo paso unos minutos hablando con ellas y me cuentan cómo ha sido el día, qué ha hecho y qué no... Siempre es muy interesante.

Carla es la integradora social y trabaja la autonomía de Mateo: le enseña a vestirse, lavarse los dientes, coger su mochila y dejarla en su sitio... También le ayuda a integrarse con el resto. Por ejemplo, en los recreos, cuando se forman grupos, Carla es la que se encarga de acompañar a Mateo para que se relacione con ellos. Y cuando va a su clase de referencia, tanto ella como Bea le prestan apoyo. Bea es la PT del aula y le ayuda con las materias, la regulación, el contenido académico... además de la gestión del día a día. Marina, su tutora, no está especializada en autismo, pero ha conectado muy bien con él desde el principio y tiene a Mateo absolutamente integrado como uno más en el aula. Aparte, Mateo tiene más profesores para el resto de las materias y me consta que están contentos de su evolución dentro de clase.

Actualmente ya no contamos con logopeda, pero en casa también recibe terapia varias horas a la semana con su PT y psicóloga Tati, y con el refuerzo de Curro. Simulamos cosas que pueden pasar en el día a día, para que él nos indique cómo reconducirlas. Para mí, Curro es como una enciclopedia. Se lo consulto todo.

P: Eso es una suerte. Supongo que no todos los niños con autismo pueden contar con tener a tantos profesionales a su disposición. ¿Crees que es importante instar a los padres de niños autistas a que busquen ese tipo de apoyo y en esta cantidad para los niños? ¿Es eso lo ideal?

N: Como ves, nosotros lo estamos haciendo todo por privado. En Madrid, existe el recurso público y es el propio organismo oficial el que decide cuántas horas te corresponden de ese recurso, con el agravante de que pierdes muchísimo tiempo hasta que te concedan la plaza. Además, no puedes elegir los profesionales, y el número de centros es muy limitado. Al menos, como decía, esto es lo que ocurre en Madrid. Yo tenía muy claro que no quería dejar pasar ni un día y, afortunadamente, contaba con los recursos necesarios para acceder a la plaza privada. Creo que es importante aprovechar cuando son pequeños, porque todo afectará a su posterior desarrollo. No es lo mismo empezar a trabajar con tres años que con seis. Y quizá lo más doloroso ha sido comprobar que, si en una casa no hay recursos económicos, la situación es aún más compleja. El autismo es una condición costosa. Una condición de por vida que deja muy tocadas económicamente a las familias que la viven.

P: Parece que el colegio de Mateo está bien organizado, que se puede considerar un colegio de referencia.

N: Es un cole que lleva cuatro años gestionando un aula TEA.

P: ¿Existen coles de referencia en Madrid, o en España, que puedas recomendar?

N: Sé que los hay, pero no los conozco de cerca. Los hay de dos tipos: los coles específicos para niños con necesidades especiales, sean del tipo que sean, y después están los colegios como el de Mateo, es decir, un cole ordinario que cuenta con el recurso del aula TEA.

P: ¿Y qué hace falta para que exista un aula TEA en un colegio?

N: Un aula TEA es un aula específica dentro del colegio, donde hay cinco niños como máximo a cargo de dos profes. Hasta donde tengo entendido, el proceso es el siguiente: en primer lugar, el colegio tiene un espacio habilitado para ello, una clase en la que acoger ese recurso. En segundo lugar, debe hacer una petición al organismo competente para que le concedan el recurso, a saber: dos profesores especializados en autismo para dar servicio a los cinco peques que ocuparán las plazas. Después, los equipos de Atención Temprana local informan a la **DAT** del número de niños con NEE que necesitan matricularse y la **Dirección del Área Territorial** casa todos los datos –solicitud de los colegios, número de niños que necesitarán apoyo y espacios disponibles– y determinan dónde se abrirá un aula TEA.

P: Perdona, y de eso, ¿quién has dicho que se encarga?

N: La DAT, la Dirección del Área Territorial. Es un organismo específico.

P: ¿Es un organismo autonómico o estatal?

N: No lo sé. Si de pronto hay siete diagnósticos en la misma zona, tratan de encontrar un cole que se pueda adaptar. Hay coles que se postulan, pero luego no controlo cuáles son los criterios para la concesión.

P: ¿Cómo fue el proceso de búsqueda de colegio?

N: Fue posiblemente uno de los episodios más traumáticos para mí, y el que me llevó a darme cuenta de lo desamparados que estábamos. No te imaginas lo difícil que fue para mí este tema. No teníamos opción de libre elección de colegio porque solo podíamos matricular a Mateo donde hubiera un aula TEA. Todas las aulas TEA de la zona –eran dos en ese momento– estaban llenas y, por lo tanto, no había plazas. Yo no podía ir a conocer colegios como el resto de los padres porque, si en ese colegio no había aula TEA, no podíamos matricularlo. A mí me gustaba el colegio al que va ahora, pero no había plaza para Mateo porque ya había cinco niños con TEA matriculados; esa es la ratio que se maneja. En resumen: cuando se abrió el plazo de las matriculaciones no teníamos opciones en ningún colegio. No había plaza en ningún colegio cercano. A falta de cuatro días para que se cerrara el plazo de matriculación, nos informaron de que se había concedido un aula TEA a un colegio cercano y que podíamos matricular allí a Mateo.

P: ¿Cómo os lo notificaron?

N: No lo hicieron. Yo me metía cada tres horas en la página de la Comunidad de Madrid habilitada a ese efecto. Te toca buscarte la vida.

P: ¿No hay un registro? ¿A ti la Comunidad de Madrid no te tiene especialmente atendida?

N: No, a mí nadie me llamó ni me avisó. Yo llamaba cada día a Atención Temprana para preguntarles si había novedades y también me metía en la página web de la Comunidad de Madrid... Hasta que las hubo.

P: Eso significa que es muy fácil perderse, desorientarse, ¿no es así?

N: Claro. Yo no sabía nada, y no podía elegir ni según las instalaciones del cole, ni según me gustara el programa educativo, ni según los profes ni nada. Estaba obligada a dejar a mi hijo allí donde hubiera un aula TEA y contara con una plaza libre. Y eso es muy frustrante porque el colegio te puede no gustar. Antes de iniciar la matriculación, recuerdo que visité un colegio de mucho renombre en la zona; cuando les contamos la condición de Mateo nos dijeron que ellos allí no le iban a poder atender y que tampoco pedirían recursos para hacerlo. Tal cual. ¡Qué desesperante fue!

P: ¿ Porque no está garantizado que el colegio en el que caigas tenga buenos recursos?

N: Eso es.

P: Es importante lo que has comentado sobre la inclusión de los niños del aula TEA con los demás compañeros. Seguro que hay padres que no comulgan con esa propuesta porque no saben que los niños con autismo, precisamente, tienen que estar integrados y no separados. Pero ¿cómo saberlo? ¿De dónde pueden sacar esa información los padres, saber que la dinámica que les plantea el colegio no es la correcta?

N: Pues por iniciativa propia. Tú tienes que saber cómo funciona un aula TEA. En mi caso, leí mucho, busqué mucha información.

P: ¿Dónde?

N: En internet. En blogs, en artículos…

P: ¿Y no hay un portal de referencia?

N: En ese momento, no lo había. A lo mejor quien esté leyendo este libro ahora descubra más cosas buscando qué es un aula TEA, o sepa qué es porque ya se lo han contado o ha tenido algún contacto. En aquel momento yo disponía de muy poca información.

P: En el caso de Mateo, ¿cuál es el horario del aula TEA?

N: El porcentaje de horas depende de las necesidades de cada niño. Lo ideal es que el niño pase el mayor número de horas posibles en el aula de referencia, es decir, con sus otros veinte compañeros, y acuda al aula TEA cuando necesite trabajar algo en concreto o bien regularse. Nosotros hemos insistido siempre en que Mateo pase el mayor tiempo posible con sus compañeros de la clase de referencia y salga ocasionalmente al aula TEA. Y así es hoy en día.

P: En el aula TEA ¿imparten algunas asignaturas, o hacen otro tipo de actividades?

N: Se trabajan otras cosas, como la autonomía, por ejemplo, y el refuerzo con alguna asignatura, si lo necesitan... Allí también se regulan.

P: Imagino que no en todos los coles adaptados o con recursos para admitir a niños con autismo, funciona tan bien el sistema.

N: No lo sé.

P: ¿Qué valoras tú en los profes de Mateo? ¿En qué te fijas para determinar que un profesor es bueno?

N: Para mí, lo primero es ver lo contento que va Mateo al cole. Su actitud es fundamental. Lo que diré puede sonar muy tópico: creo que también es importantísimo que los profesores quieran a los niños, y eso se ve. Lo muestran en la manera que tienen de expresarse, en cómo hablan de Mateo, y al revés: cuando Mateo ve a sus profesoras y corre hacia ellas a abrazarlas, tanto a sus dos profes del aula TEA como a la tutora de referencia. Para mí eso es superimportante.

P: Claro, pero eso lleva un tiempo. En cambio, si tú llegas al cole y te presentan a una profesora del aula TEA, ¿en qué te fijas? ¿Qué conviene tener en cuenta?

N: Creo que eso tiene mucho que ver con el *feeling*. Cuando hablas por primera vez con los profesores de tus hijos, en esa primera entrevista ya te transmiten mucha información sobre su manera de ser, de expresarse, de entender el autismo...

P: Has dicho en más de una ocasión que Mateo, dentro del autismo, es muy expresivo. Pero cuando los padres no reciben un *feedback* de sus hijos, debe de ser más complicado saber hasta qué punto las cosas marchan correctamente.

N: Creo que todas las madres y los padres de niños con autismo tenemos siempre esa incertidumbre. Existe una gran dificultad por parte de los niños para expresar qué pasa o cómo se han sentido en un momento determinado, o si alguien les ha tratado de un modo u otro. Reconozco que, en nuestro caso en particular, nunca he tenido ni una sola pega sobre las personas que han tratado y trabajado con Mateo. Pero no puedo ni imaginar cómo deben sentirse las familias que hayan tenido alguna sospecha de ese tipo... Su miedo, su incertidumbre, su angustia...

P: Hablemos ahora sobre las terapias que contabas que hacéis con Curro. ¿En qué consisten?

N: Son actividades en las que recreamos situaciones cotidianas con las que nos encontramos en nuestro día a día, y trabajamos en ellas. Es como un entrenamiento.

P: ¿Qué tipo de dinámica hay? ¿Son específicas para cada niño?

N: Sí. Al inicio de cada trimestre nos reunimos con Curro y vemos en qué queremos trabajar. Una de las cosas que más me ha preocupado siempre ha sido el *escapismo* de Mateo. Me acuerdo de que cuando era más pequeño si estábamos en la puerta de casa y le decía que nos íbamos al parque... Yo llevaba a su hermana en brazos y él salía corriendo disparado en cualquier dirección. Es muy rápido y no le asusta que haya una carretera o un coche o un charco, lo que sea. Para esa casuística en concreto, Curro propuso hacer una **historia social**, que, resumiendo, consiste en dibujar y escribir en una hoja lo que vamos a hacer, cómo nos vamos a comportar y cómo se supone que nos sentiremos. A modo de ejemplo, en esta historia social en concreto, uno de los pictos indicaba que Mateo iría cogido de la mano del adulto, y en otro, le dibujábamos a él corriendo con un aspa encima, en señal de «NO». De esa manera, le explicábamos qué se esperaba de él y así él adquiriría la seguridad y la tranquilidad de saber qué tiene que hacer.

P: Y esos pictos, ¿los dibuja Curro?

N: Sí, y yo también. Incluso Mateo los dibuja a su manera y le sirven para explicar cosas que le han pasado. Los dibujos nos son muy útiles. Para introducir un nuevo alimento, también hacemos lo que se conoce como «**economía de fichas**». ¿Qué significa? Cuando hay algún plato que Mateo no quiere comer, se dibuja en un picto un plato, un tenedor y comida, y en otro, algo que a Mateo le encante. Entre ambos se dibujan varios círculos que simbolizan cucharadas. El número de círculos dibujados representan la cantidad de cucharadas que debe comer de ese plato. Con cada cucharada, Mateo tacha un círculo. Cuando los haya tachado todos, conseguirá algo que le encanta y que previamente ya conocía.

P: Cuantas más cucharadas, más cerca está del objetivo que le gusta.

N: No cuantas más. Tiene que ser un número exacto. Si no se acaba el plato, no se lo acaba. El propósito es que tome tantas cucharadas como hay en el picto. Eso sigue haciéndolo y funciona.

P: ¿No tienes pictos prefabricados?

N: No.

P: ¿Por qué? ¿No existen? ¿No puedes ir a una tienda y comprarlos?

N: Solo conozco una marca que los hace y los compré por Amazon. Sirven sobre todo para aprender palabras, pero se quedaban un poco cortos para contar experiencias o lo que explicaba antes sobre la historia social. Sin embargo, hay aplicaciones en las que escribes una frase y la convierten en pictos. Pictoagenda, se llama. Al principio los pictos me causaban cierto rechazo, y creo que es porque no entendía correctamente su función. Pensaba que Mateo se acostumbraría a ellos y no se esforzaría en comunicarse de otro modo. ¡Qué equivocada estaba! Los pictos son el puente hacia la comunicación, es la traducción del mundo neurotípico al cerebro autista. O al menos así lo entiendo yo ahora.

P: Volvamos al cole. ¿Qué tal se lleva con sus compañeros neurotípicos de su clase de referencia? ¿Tiene amigos?

N: Sí que tiene. Tiene amiguitos en clase y sobre todo amigas. Las niñas son muy sensibles a sus dificultades y hay varias que le acompañan en su día a día. El *protocolo* que se utiliza en algunos sistemas educativos es el de buscar en clase a un peque que tenga unas cualidades específicas que le ayuden a tirar de él, de Mateo, y que compartan actividades. Eso no es tan fácil, claro. Con Mateo he visto que suelen ser niñas, y suele ocurrir de manera natural, porque las niñas acostumbran a tener ese rol de cuidadoras.

P: ¿Piensas que al padre de un niño neurotípico le puede generar reservas eso? Me refiero a que no le guste la idea de que, por llevar a su hijo a una escuela con aula TEA, a este le pueda tocar ocuparse de un compañero autista.

N: En realidad, no se ocupa de su compañero autista. Solo es la puerta de entrada al grupo de un peque con NEE. Yo pienso en cómo me tomaría que Manuela ejerciera ese rol. En realidad, me parece una enseñanza de vida brutal: se asumen responsabilidades, se transmiten valores y se educa en la diversidad. Esto significa que hay compañeros de clase que son un referente para Mateo, que si él necesita algo va a pedírselo a ellos. No significa que esos niños estén todo el tiempo solos con Mateo; significa que, por su manera de ser, por su personalidad, son el nexo de unión de Mateo con el resto de la clase, y esto me parece sencillamente precioso.

P: ¿Y se eligen a dedo?

N: Realmente, no. Depende de la forma de ser de cada niño y, obviamente, de que Mateo tenga *feeling* con ellos. Los hay muy líderes, otros más serviciales... Mateo se lleva muy bien con algunos niños y niñas de su clase. Lo sé porque los dibuja, y cuando le pregunto me dice sus nombres. Cada vez hay más papás y mamás en el colegio que tienen presente el tema del autismo e incluso algunas veces, a la salida, nos hemos quedado hablando sobre ello. He publicado varios posts en mis redes acerca de que, si alguien sabe que en su cole hay una familia con un peque con autismo y se los cruzan en la entrada o la salida del colegio, es bueno que lo saluden por su nombre. Posiblemente, ese peque no les devuelva el saludo, o quizá sí, pero lo que está claro es que ese saludo va para los padres indirectamente, y es un mensaje tan potente como decir «Sé que estás aquí y quiero integraros». En el colegio de Mateo son muchas las familias que nos saludan a la entrada o a la salida del colegio, sean o no sean compañeros de su clase; a mí me emociona, porque siento su interés y cariño, aunque sea con un simple «Hola, Mateo». No sabría explicar cuántas cosas se me pasan por la cabeza en esas ocasiones.

P: ¿Cuántas horas pasa Mateo en el aula de referencia?

N: En teoría, a mí me dan un horario cada trimestre con las asignaturas en las que Mateo estará con sus compañeros y las que pasará en el aula TEA. Aunque es un horario superflexible, porque depende de cómo se encuentre él cada día.

P: O sea que puede ir incluso por días.

N: Sí.

P: ¿Eso quiere decir que existe riesgo, por llamarlo de alguna forma, de que Mateo retrase el aprendizaje de sus compañeros?

N: No, porque para eso está su apoyo específico. La mayor parte del tiempo, cuando Mateo está en el aula de referencia, cuenta con un apoyo específico para él, que es una de sus dos profes del aula TEA. Hoy en día, incluso hay muchas materias en las que Mateo no necesita apoyo en clase ya que es capaz de seguirla sin ese apoyo. En otras, si no le interesan, puede tender a levantarse de la mesa y ser un poco más movido.

P: ¿Y armar un escándalo, a lo mejor?

N: No, no. Él se va. Se va a hacer algo que en ese momento sí le apetece. Coge un cuento y se sienta a leer. Eso a veces genera algo de disputa porque el resto de los niños se preguntan por qué a Mateo se le permite hacer determinadas cosas y a ellos no. Y yo entiendo que para ellos es complicado entenderlo, pero en el colegio lo explican tan bien que nunca ha habido ningún problema.

P: ¿Nunca ha habido ningún problema con un compi? ¿Una pelea? ¿Que alguien le pegara?

N: Nunca, que yo sepa.

P: Pero ¿podría ocurrir?

N: Claro. Pero no en mayor proporción que a cualquier otro niño neurotípico. Aunque te diré que los peques del aula TEA son niños que están muy vigilados por todos los profes, los observan constantemente, por lo que yo confío que, si se da, son situaciones superpuntuales y aisladas.

P: ¿Y alguna vez ha sido Mateo el que le ha pegado a un niño?

N: Mateo no entra en peleas. Lo que sí puede ocurrir es que un niño tenga algo que Mateo quiere o viceversa, y por ahí llegue la disputa. Eso es algo que se trabaja también: los turnos, la negociación, la conversación, etc.

P: ¿Le regañan?

N: Creo que más bien le llaman la atención, como harían con cualquier otro niño de su clase. Quizá esa advertencia se la expresen con una frase más sencilla y estructurada para que pueda entenderla, pero siempre le avisan y le explican las cosas que no debería haber hecho.

P: De todas formas, los niños a veces se pelean, sean autistas o neurotípicos.

N: Eso es. Nadie debería pensar que el hecho de ser autista lleve asociado mayor conflictividad. Todo lo contrario.

P: El objetivo de estas preguntas es también que los padres de niños neurotípicos puedan quedarse más tranquilos.

N: Esa tranquilidad les va a llegar con la información. Hasta que estén informados, van a tener esa incertidumbre. Yo animaría siempre a los padres a que busquen información, que pregunten a las familias, a las profesoras de su aula, cómo desenvolverse en una situación así. Sobre todo, preguntar.

P: ¿Tienes la sensación de que hay padres que han aprendido gracias a Mateo y a ti?

N: Creo que simplemente tener un peque con autismo en el mismo círculo que sus hijos ha hecho que se interesen por cómo dirigirse a él y saber qué hacer en algunas situaciones. Tengo que reconocerte que, gracias a la exposición que tenemos en las redes, creo que hay mamás y papás que sienten que pueden acercarse más fácilmente y preguntarnos. Y de verdad que no pasa nada, si nosotros estamos deseando hablar sobre el tema y comentarlo...

P: A pesar de lo que me estás contando, no puedo evitar pensar que habrá padres de niños neurotípicos que no asuman su responsabilidad, y padres de niños autistas que no tengan conciencia de lo importante que es esa anticipación.

N: Eso es una cosa que no me canso de decir en las redes sociales: las familias de niños autistas tenemos que ser proactivas. No podemos esperar a que venga nadie de fuera a hacer algo por nuestro hijo si nosotros no somos los primeros en movernos. Es mejor anticipar situaciones que te van a estresar a ti o a tu hijo, proporcionar al entorno la información necesaria para que las afronten con conocimiento y puedan ayudarte cuando se den, o al menos a no ponerse nerviosos, porque la gente no tiene por qué saber de qué va todo esto.

P: Proactividad y capacidad para respirar hondo y replantear los escenarios. Eso era impensable en las escuelas de nuestra época. En mi clase había dos niños con necesidades especiales, gente con problemas, y aquello era la jungla: *bullying*, marginación, agresiones...

N: Yo confío en la bondad genuina de la gente. Creo que somos buenos por naturaleza. No sé si es un pensamiento utópico, pero lo veo así. Eso no significa que nos tengamos que llevar todos bien. Para mí se trata de una cuestión de confianza, en este caso, en los padres de la clase de Mateo. Confío en ellos porque veo el comportamiento de sus hijos con Mateo y esto ya me da pistas del tipo de educación en la diversidad que se aplica en sus casas.

P: Si un padre de un niño autista detecta negligencias en la escuela, ¿qué puede hacer?

N: Decirlo. No pasarlo por alto en ningún caso. Ir a la dirección directamente y hacerlo constar por escrito, siempre.

P: ¿Puede esperar a que eso se traduzca en cambios?

N: Sí, es obligatorio por ley. Cuando en un cole no preparado, sea público o privado, se detecta que hay un niño con necesidades especiales, la escuela está obligada a tomar medidas de inmediato y así permitir el desarrollo académico adecuado para ese niño durante el curso. En mi lucha por los campamentos siempre he procurado hacerlo todo por escrito. En la **LOMCE**, hay varios artículos que hablan sobre esto, y se estipula la obligatoriedad de las organizaciones a tomar medidas. Esto, muchos padres no lo saben.

P: Otro tema que hemos apuntado antes, pero no en detalle, es el de las mascotas. ¿Dirías que son beneficiosas para los niños autistas?

N: Depende. A Mateo le gustan los animales, pero tampoco le apasionan. Siento que, a él, ahora mismo, una mascota no le interesaría demasiado. Donde sí hemos notado ese beneficio es en la terapia, aunque en ese caso es con animales más grandes, como caballos, que en el caso de Mateo le funciona muy bien. Es la terapia que Mateo practica y es increíble. Cuando está en contacto con la naturaleza y los caballos se lo notamos mucho.

P: Entonces, ¿podríamos decir que las mascotas no son obligatorias?

N: No.

P: Todos nos topamos con figuras de autoridad en la vida: clérigos, policías... En algún momento Mateo se encontrará con una de esas figuras y no tendrá ni idea de cómo tratarlas. ¿Tienes algún mecanismo para sortear ese tipo de situaciones, para resolverlas de una forma rápida?

N: En realidad, no. Cuando tenemos que colocarnos delante de figuras más autoritarias, siempre voy pidiendo perdón por adelantado. Es una muletilla que me tengo que quitar y es algo contra lo que lucho. Parece que los padres de niños con necesidades especiales vamos con el perdón en la boca como suspiro de vida y no quiero tener que pedir perdón por esto. En un futuro, imagino que tendrá que aprender cómo debe comportarse en esas situaciones, pero aún no ha llegado ese momento, así que lo dejo para dentro de unos años.

P: ¿Crees que poner pictos en sitios públicos podría ayudar a reducir ese tipo de situaciones?

N: ¡Ojalá! Sería maravilloso. Pero, si te fijas, estamos rodeados de pictos. Piensa en un aeropuerto de un país cuyo idioma no entiendes. Está lleno de imágenes con las que puedes llegar a guiarte.

P: Pero eso es la señalética.

N: Sí, pero funciona igual, la idea es la misma.

P: Entonces, ¿no sientes que haya la necesidad de adaptar el espacio público?

N: En mi opinión, todo lo que sea integrar y facilitar la vida de las personas con autismo es maravilloso y creo que estamos en ese camino. Poco a poco, en los comercios se podrían ir incluyendo los pictos funcionales, que no solo dieran información de qué es algo, sino de cómo se va a utilizar. Toda una secuencia.

P: ¿Eso es factible?

N: Quizá sí, pero no tengo claro si existen medidas al respecto. Nosotros hemos visitado ya varios parques en los que empieza a hacerse. El otro día descubrí que, en uno que nos gusta mucho, hay pictos de todo lo que puedes hacer. En el tobogán, por ejemplo, explica por pictos toda la secuencia: esperar turno, subirse, tirarse y estar contento.

P: ¿Te gustaría hacer un llamamiento desde aquí a las instituciones para que se incorporen ese tipo de medidas en lugares públicos como centros comerciales, restaurantes...?

N: Sí, se puede hacer de manera paulatina. Si alguien que esté leyendo este libro, y por su trabajo tiene potestad para incluir pictos en su localidad, sería genial que lo hiciera para hacer más fácil la vida de las personas con autismo. Sería un gran avance en la integración y la visibilización.

P: Otro llamamiento, ahora a la gente en general: si se encuentran con alguien que piensan que tiene autismo, más allá de comportarse según el sentido común, ¿qué es lo más importante que deben tener en cuenta?

N: Sobre todo les pediría que tuvieran paciencia desde el primer momento. Muchas personas autistas pueden tener dificultades para comprender una conversación, y para ellos las relaciones sociales son un gran desafío. Quizá les diría que empezaran la conversación preguntándoles qué les gusta y a partir de ahí continuar. Los autistas son grandes especialistas, sabiendo eso, quizá sea más fácil acercarse. Es muy complejo dar una pauta concreta, pero, efectivamente, la paciencia y el sentido común serían mis recomendaciones en un primer encuentro.

P: ¿Y al revés? ¿Tiene sentido que a los niños autistas se les enseñen pautas para presentarse al mundo como tales, para facilitarles la integración social?

N: Tengo un dilema. ¿Querría que mi hijo en su saludo dijera: «Hola, me llamo Mateo y tengo autismo»? Es decir, ¿sería justo para él? Quiero que se normalice, no quiero estar poniendo etiquetas ni pidiendo perdón todo el rato, pero, por otro lado, la gente no tiene por qué saber el motivo de su comportamiento, aún más cuando físicamente no existen rasgos por los que su entorno pueda anticiparlo. Quizá esa explicación justifique y ayude a facilitar la interacción social en ese momento. Me acuerdo de una señora celíaca que me dijo que, claro, ella tenía que avisar siempre en los restaurantes. Hay cosas que no hay que contarlas porque la gente no tiene por qué saberlas.

P: Imagina a Mateo con catorce años. Supón que tiene la autonomía suficiente, ¿no sería mejor que, vaya a donde vaya, la gente sepa que es autista y así prevenir posibles dificultades?

N: Me cuesta entender este planteamiento. Pensándolo en frío... Tiene matices y es difícil. Es una reflexión para la que no estoy preparada aún. Si algo he aprendido es que cada etapa tiene sus desafíos, que no son pocos, y plantearme buscar soluciones a desafíos para los que quedan varios años me genera muchos nervios. Día a día. Etapa por etapa.

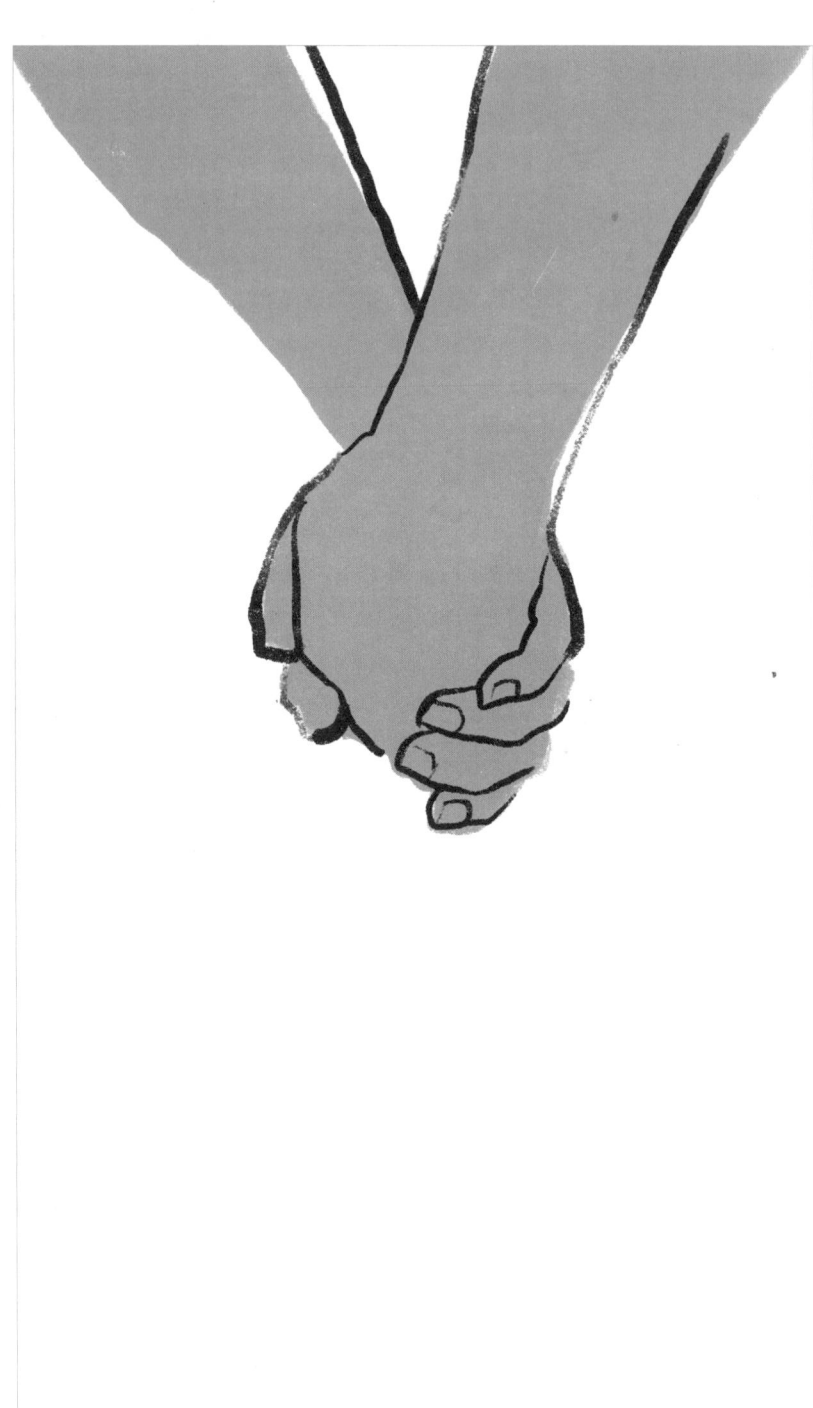

8
LA PAREJA

P: **No sé hasta qué punto este capítulo te plantea algún dilema. El caso es que una de las dificultades a lo largo de este proceso, o uno de los ámbitos que se vio afectado, fue el de la pareja. Ya has explicado que vosotros dos, como pareja, tuvisteis vuestras diferencias en la forma de encajarlo. Eso es, al menos, lo que deduzco de lo que vienes contando. ¿Dónde está la máxima expresión de esa dificultad?**

N: Es importante destacar que no creo que la noticia del diagnóstico de Mateo fuera lo que rompió la pareja, aunque probablemente desencadenó la aparición de conversaciones un poco más complicadas... Siento que veníamos ya de un momento complicado, como pasa en todas las casas, y que esta nueva realidad y la manera de entenderla pudo abrir una fisura que fuimos incapaces de restaurar. Visto en perspectiva, creo que yo debería haber tenido más paciencia, pensar que cada uno tiene sus tiempos y su forma de asumirlo –nosotros lo hicimos a dos velocidades diferentes y cada uno con su emocionalidad–. Pero yo era muy exigente y quería que las cosas avanzaran como yo pensaba que debían avanzar. Finalmente nos encerramos tanto en nosotros mismos que fue complicado abrirnos a verlo juntos.

P: ¿De verdad crees que estaba en vuestra mano haberlo hecho de un modo diferente?

N: Ambos tenemos personalidades fuertes y somos muy positivos, es algo que siempre nos caracterizó cuando estábamos juntos. Hubo un momento de mucha tensión, como es normal, y el hecho de entender las circunstancias de forma tan diferente nos llevó a actuar como lo hicimos. Y es que la situación era realmente compleja. Por poner un ejemplo: para mí, los trámites para lograr el diagnóstico de Mateo no fueron agradables porque suponían ponerle una *etiqueta* ante la sociedad y las Administraciones, pero entendía que era necesario hacerlo para ayudarle. Borja, en cambio, prefería no hacerlo para proteger a nuestro hijo. Éramos dos padres con la misma intención, pero con planteamientos muy diferentes.

P: ¿En algún momento se te pasó por la cabeza que él lo estuviera pasando mal y realmente no lo pudiera asumir?

N: Con el paso del tiempo he visto cosas que en aquel momento no veía.

P: A lo mejor es injusto, a lo mejor él lo pasó realmente mal.

N: Ambos lo pasamos muy mal. Quizá no supimos expresarlo de forma que el otro pudiera entenderlo bien. Quizá ese fue nuestro talón de Aquiles.

P: Te voy a hacer una pregunta con inquina: ¿es posible que tú, al darlo todo por Mateo y Manuela, te dejaras a Borja por el camino, y que eso fuera justo lo que él menos necesitaba de ti?

N: Probablemente. Nos centramos tantísimo en ellos y nos preocupaba tanto el desarrollo y la evolución de algo sobre lo que apenas teníamos información, que nos olvidamos de nosotros mismos.

P: Y, pasado el tiempo, tu autocrítica, que seguro que la ha habido, ¿hacia dónde apunta?

N: Hacia que deberíamos habernos guardado momentos para los dos, sin niños. Hubiera sido conveniente tener conversaciones incómodas, aunque fuera dificilísimo hacerlo, para poner sobre la mesa lo que nos preocupaba. En cambio, cada uno nos ocupamos de nuestros propios sentimientos y preocupaciones, y no nos transmitimos lo que nos estaba pasando.

P: ¿Romper la pareja ha sido malo para Mateo?

N: No lo creo. Y me lo he preguntado muchísimas veces durante estos años. Sin embargo, he notado que Mateo, al convivir en dos entornos diferentes, está trabajando otras cosas que probablemente también le aporten mucho. Durante algunos meses, trabajamos específicamente con él también eso: la flexibilidad, los cambios, las casas...

P: ¿Tienes algún consejo que dar a una pareja que esté en ese punto, pensando en separarse? ¿Qué podrías decirles?

N: Uf, es superpersonal. Pero lo que sí les puedo decir es que, si finalmente optan por la separación, una vez separados, que prioricen y antepongan al peque a sus preferencias. Porque, aunque la gente pueda pensar que a un niño con autismo le puede afectar menos, es justo todo lo contrario. Hay un cambio de rutinas, de horarios, de tiempos, etc.

P: Una posible conclusión es que, a veces, la cosas se acaban y hay que afrontarlo. Por tu experiencia, ¿cuál dirías que es el papel de los padres como pareja en una situación así?

N: Creo que los padres deben ser un equipo y que va a haber épocas en las que funcionen como un equipo de relevos, porque algunas veces flojeará uno y otras veces flojeará el otro. Es un camino muy largo y las dificultades probablemente serán muy diferentes a las que se hayan encontrado antes.

P: ¿Y cuál es la clave de lo que estáis haciendo ahora, más allá de estar separados? ¿Qué hace que esté funcionando todo tan bien?

N: Tenemos muy buena relación, los dos procuramos que así sea. Nuestras prioridades quedan en un segundo plano siempre porque lo importante son ellos. Nos organizamos entre nosotros para que la logística de los peques esté permanentemente cubierta. Y si yo tengo que viajar por trabajo, nos reorganizamos. Nuestros hijos son el foco principal de todo. Hemos ido probando diferentes opciones para ver qué era lo que mejor funcionaba para todos, hasta que hemos encontrado una solución que nos funciona desde hace tiempo. En su día, llegamos incluso a organizarnos con una **casa nido.**

P: ¿En qué consiste la casa nido?

N: Es una manera de convivencia en la que los niños están siempre en la misma casa y son los padres los que cambian de ubicación semanalmente. Lo probamos durante un tiempo, a pesar de que todo el mundo nos advirtió de que era una locura. Decidimos que fueran ellos los que no se movieran porque fue la época en la que Mateo empezaba en el colegio nuevo, el aula TEA, y no queríamos sumarle el cambio de casa semanal. Pusimos en marcha la casa nido y estuvimos así durante unos siete meses.

P: Entiendo que tú vivías una semana en una casa y otra semana en otra, ¿es así?

N: Sí, pero aquello me condujo a un nivel alto de ansiedad: aún no me dedicaba al cien por cien a las redes y debía mantener dos casas, dos trabajos, los gastos de los peques, las terapias, los extras... El caso es que llegó un momento en el que tuve un ataque de ansiedad en el trabajo en el que estaba y me dije: «No puedo más». Borja y yo decidimos que la casa nido no podía seguir siendo nuestra forma de organizarnos y nos asentamos cada uno en una casa. Para entonces, Mateo estaba supercontento en su colegio, así que entendimos que no sería un problema para él, ya que todo estaba bien encaminado. Todo eso ocurrió a finales de febrero de 2020. Dos semanas después empezó el confinamiento.

P: Y durante esos meses, ¿cómo lo hicisteis con los niños?

N: Nos organizamos bien. Llegué a un acuerdo con mi empresa para alternar una semana de trabajo presencial y otra de teletrabajo. Eso fue durante la primera época de la pandemia. Y así lo hicimos coincidir: la semana que teletrabajaba estaban los peques conmigo y la que no, se iban con Borja. Trabajar desde casa sola con los dos fue imposible, como le pasó a todo el mundo, ¡vaya!

P: Dijiste que a ti el confinamiento no te fue mal...

N: Para mí el confinamiento no fue mal, no. Fue complicado compatibilizar el cuidado de mis hijos con el trabajo fuera de casa. Pero me encantaba estar en casa con los niños sin tener que hacer nada más que estar en casa con ellos.

P: ¿Consideras que Borja o que tú, alguno de los dos, tiene más pillado a Mateo?

N: Creo que los dos lo conocemos muy bien. Obviamente, tenemos maneras diferentes de actuar. Pero lo mejor es recordar que hay dos maneras perfectas de hacer las cosas.

P: ¿Podrías poner algún ejemplo?

N: Cuando Mateo tiene alguna crisis, mi manera de calmarle es abrazarle y esperar a que se le pase. Su padre procura hablar con él y llegar a un entendimiento. Ambos hemos conseguido calmar esas crisis de maneras distintas.

P: ¿Quién dirías que es más flexible?

N: [*Ríe*]. En general, escuchamos mucho ambos, y damos validez a sus opiniones y preferencias. Creo que en ese aspecto nos parecemos.

P: ¿Piensas que Borja pueda tener envidia en cuanto a la proactividad que tú no paras de desplegar?

N: Todo lo contrario. Él, si puede ayudar a impulsarla, lo hará.

P: Cuando publicaste el vídeo sobre el diagnóstico de Mateo, ¿cuál fue su reacción? ¿Contaste con él?

N: Sí, claro, fue absolutamente consensuado. Todo lo que tiene que ver con los niños siempre es previamente consensuado. De hecho, lo que desencadenó la publicación de aquel vídeo fue una entrevista sobre el autismo que le hicieron a Borja en la radio. Me di cuenta de que había llegado el momento de abrirme a mi comunidad en este tema tan importante para nosotros, porque quien le escuchara a él en la radio acabaría por preguntarme a mí sobre la condición de nuestro hijo.

P: ¿Le reportas todo lo que va sucediendo en las redes que tenga que ver con Mateo?

N: Bueno, ambos nos vamos contando todo lo que tiene que ver con los niños en general, ocurra o no en las redes.

P: ¿Vais a la par en cuanto a la comprensión de Mateo? ¿Sois un equipo a distancia?

N: Sí, ahora mismo sí. Totalmente. En todo lo que tiene que ver con Mateo siempre estamos los dos. Eso parece lo ideal en una familia como la nuestra. Si hay una tutoría, algún especialista, un médico –neurólogo, cardiólogo, lo que sea–, vamos los dos. Y con Manuela también.

P: ¿Competís entre vosotros en algunos aspectos?

N: No, en nada. Todo lo contrario, nos apoyamos bastante. De hecho, en lo que yo le pueda ayudar, le ayudo, y él hace lo propio conmigo. Siempre me pregunta si me puede ayudar. No competimos en nada, nunca lo hemos hecho, ni siendo pareja.

P: ¿Alguna vez te has encontrado con alguna sorpresa desagradable, que él haya querido probar por su cuenta alguna idea propia?

N: Nunca, siempre lo hemos consensuado todo. Por mi parte también. Nunca hago nada sin que él lo sepa. Siempre nos informamos de todo el uno al otro.

P: Os informáis, pero no os pedís permiso, entiendo. ¿Y eso alguna vez ha dado pie a algún reproche?

N: No siento que tengamos que pedirnos permiso. Todo se hace con sentido común y con normalidad. Es que no entendería que fuera de otra manera.

P: ¿Discutís a veces por cosas de los niños?

N: Sí, pero eso es normal. Si dos personas que conviven juntas y tienen dos niños en común discuten, cuando ese precioso proyecto lo haces por separado, es igual de normal que se discutan. Pero por cosas muy pequeñas. En lo realmente importante estamos más alineados de lo que cualquiera pueda pensar.

P: ¿Sabe que estás escribiendo este libro?

N: Sí.

P: ¿No te ha puesto ninguna condición?

N: No.

P: ¿Tú le has dicho que vas a hablar de él?

N: No. Este capítulo todavía es una sorpresa para él.

P: Y, sin embargo, estamos hablando de él, porque de alguna forma, supongo...

N: Es una parte esencial. Es importante que Borja esté en este libro. Para mí él es mi familia. Le siento mi familia, aunque nuestros caminos estén separados.

P: ¿Cuál es tu opinión sobre el modelo de familia que nos han enseñado toda la vida?

N: Pues creo que en realidad lo que nos han enseñado a veces nos ahoga y nos aprisiona. Tengo una familia poco normativa y alejada de los estándares que hemos conocido toda la vida y reconozco que, con todo, soy feliz. Somos felices en nuestra realidad. Parece que, si no se cumplen unas expectativas que se supone que deben cumplirse, has fracasado en esta vida. Y si algo he aprendido es que la vida es un constante ir y venir de situaciones que no esperas. Cuando iniciamos un proyecto tan vital como es el de la maternidad y la paternidad no podíamos imaginar que nuestra visión y nuestra realidad cambiarían tanto al cabo de los años. Además, es responsabilidad de dos personas que esto continúe o no. Sería tremendamente injusto decir que uno de los dos es el único responsable de lo sucedido. Es algo que se decide entre dos.

P: Y volviendo al tema sensible, cuando planteasteis en casa que os separabais, teniendo en cuenta la situación de los niños...

N: Fue muy duro, pero creo que desde el inicio lo planteamos bien. Los dos cuidamos de los dos en el entorno de cada uno.

Había una realidad y era que ya no convivíamos, pero nuestros hijos eran lo primero y por ellos debíamos mantener un equilibrio y un cariño a todos los niveles. Y todo nuestro entorno así lo procuró.

P: ¿Ellos también son familia?

N: Sí, absolutamente.

P: Con Borja, ¿os juntáis cuando hay eventos familiares especiales?

N: La verdad es que eso depende de cómo vayamos en el día a día. No existe una regla definida sobre lo que sí o lo que no celebramos juntos. Depende de nuestros trabajos, agendas, compromisos, etc. Procuramos hacer planes los cuatro y lo que recibo de los niños es muy positivo. Ellos tienen superclaro quiénes son sus padres y disfrutan mucho también cuando estamos todos juntos.

P: Eres la encarnación de que se puede afrontar un conflicto de pareja aun teniendo niños con necesidades especiales. Si la pareja está mal, no te escudes en los niños porque la pareja está mal: afróntalo.

N: Siento que mientras el amor por los niños sea lo que determine cualquier decisión, y se los priorice a ellos, y no a los adultos, todo puede salir bien.

9
MANUELA

P: A este capítulo lo hemos llamado siempre, desde el principio, entre nosotros, «el de Manuela».

N: Sí.

P: Vale. Manuela, que parece que no es la prota de este libro, pero protagonismo no le falta.

N: Desde luego. Tiene un gran peso en casa.

P: Me parece recordar que alguna vez has hablado de Manuela como lo mejor que le ha pasado a su hermano.

N: Si empiezas por aquí, ya voy a llorar [*se ríe*]... Sí, realmente, sí. Creo que esto ya lo he contado en algún capítulo anterior, pero cuando nos dieron el diagnóstico de Mateo, estaba sentada en la mesa de Atención Temprana con mi barriguita incipiente, embarazada de cuatro meses. Lo único que recuerdo son las palabras «retraso madurativo» y lo siguiente, estar tirada en el suelo, desmayada, con Borja levantándome los pies y abanicándome [*se ríe otra vez*], porque para mí fue un shock. Y recuerdo que se me pasó por la cabeza pensar que quizá ese segundo embarazo no llegaba en el mejor momento.

Durante las siguientes semanas, estuve tan, tan, tan centrada en el niño que yo ya le pedía perdón a Manuela por no estar pendiente de ella. Le decía: «Lo siento, cariño, de verdad, pero es que necesito estar con tu hermano, necesito trabajar...». Le hablaba a la barriga y solo pensaba: «¡Ay, Dios mío! Cuando nazca, cuando nazca Manuela, por Dios, que sea tan buena que pueda trabajar con Mateo». En mitad de mi segundo embarazo, descubrí que, cuando una familia tiene un peque con autismo, hay una alta probabilidad de que el siguiente también tenga esa condición, aunque a lo mejor se manifieste de una forma distinta. Siempre he pensado que, si no hubiera estado embarazada cuando recibí el diagnóstico de Mateo, posiblemente no habría tenido más hijos, no por miedo a nada, sino por darle a Mateo toda mi atención. Como ves, esto también tengo que trabajarlo [*rompe a llorar*]. No puedo llorar tanto [*suspira*]... En cualquier caso, conociéndola como la conozco, sé que Manuela es lo mejor que le ha pasado a su hermano.

P: Ha pasado de ser un personaje secundario a ser una de las protagonistas del autismo de Mateo.

N: Sí.

P: ¿Qué hay en ella para que ostente el título de «lo mejor que le ha pasado a su hermano»? ¿Qué hace Manuela a sus cuatro añitos recién cumplidos?

N: Pues es increíble. Cuando nació solamente comía y dormía. Estuvo así los primeros quince días, así que pensé que me iba a permitir trabajar mucho con su hermano. Pero, de repente, empezó a llorar un día y no paró hasta los dos años, más o menos [*se ríe de nuevo*]. Siempre llorando, no hacía más que demandar atención, quería que estuviéramos con ella, cuando yo necesitaba trabajar con Mateo.

Ahora, esa demanda de Manuela se ha transformado en una gran generosidad. Es una niña muy inteligente y con mucha empatía, y sabe lo que su hermano necesita en todo momento. Incluso sabe cómo pedirle algo. Le dice: «Mateo mírame a la cara, mírame a los ojos cuando te pido algo», sin que le hayamos explicado nada. Creo que la primera vez que ella oyó hablar de autismo fue el pasado 2 de abril, cuando en el colegio hicieron una concienciación sobre esta condición; al salir, me preguntó qué era el autismo. Fíjate, a sus cuatro años, con su hermano autista, me preguntaba qué era. Traté de explicárselo, pero no sé si ella llegó a entenderlo. Recuerdo que incluso me preguntó que si el cerebro de Mateo era de otro color [*se ríe*]. Como le habían dicho que el autismo era azul... Tengo un vídeo con esa conversación grabada, es maravillosa.

P: ¿Se puede ver ese vídeo?

N: Sí, está colgado en mi Instagram. Aparece una foto mía con Manuela y se oye solamente un audio que dura menos de un minuto. Ella me hace preguntas y reflexiona sobre el autismo; incluso me llega a preguntar si ella también... [*rompe a llorar*]. Bueno, me voy a pasar toda esta entrevista llorando... [*sonríe*], si ella también tiene autismo. En definitiva, ahora estamos empezando a explicarle cosas, pero para ella es lo más normal del mundo. Es su hermano y su hermano es así; no hay ninguna diferencia. Digo que es lo mejor que le ha pasado a Mateo porque Manuela es tan demandante, que le pide mucho también a él, y eso hace que constantemente lo esté sacando de su espacio. Lo saca y él la busca mucho para jugar, para estar con ella, para pintar con ella... Siempre la incluye, siempre piensa en ella. Para Mateo es un ejercicio constante, tener en mente a otra persona. Es todo un ejercicio neuronal y cerebral impresionante.

P: El otro día hablaba con Manuela, y Mateo, que estaba por ahí, salió corriendo gritando: «¡Hay que apagar un fuego con el camión de bomberos!», y Manuela me miró y dijo: «Bueno, las cosas de Mateo». Tengo la impresión de que Manuela es muy consciente de la excepcionalidad que representa su hermano.

N: Sí.

P: Esto, ¿cómo lo explicas? No sé si estarás de acuerdo, yo creo que sí...

N: Sí, claro, sí, sí, totalmente. ¿Cómo explicar que ella sea consciente de eso? Eso no es algo que se trabaje. Dentro de la propia cotidianidad, del día a día, ella ve que, con Mateo, hay normas con las que soy un poquito más flexible. Aunque con ella también lo soy. Ya he dicho que mi manera de hacer de madre es muy similar en ambos casos. De hecho, te diría que prácticamente hago lo mismo con los dos. Mateo necesita un poco más de apoyo, necesita ir un poquito más despacio y que se le expliquen las cosas un poco más, acompañarlo con dibujos... Incluso Manuela ha aprendido con los pictos y a veces me los pide. Ella lo ha asumido como algo absolutamente normal y cotidiano.

P: ¿Dirías que Manuela ya es *más mayor* que Mateo?

N: A ver, Manuela también es que es muy lista [*se ríe*]. Tiene una sensibilidad y una empatía impresionantes. Con ella puedo negociar, puedo dialogar, incluso reflexionar, desde hace tiempo. Sabe cómo dirigirse a él y, probablemente, sea el gran apoyo de su hermano. Con todo, no quiero cargarla con una responsabilidad que no le corresponde, porque tiene que vivir su propia vida, fuera del autismo de su hermano. Pero sí, muy probablemente ella sea su gran apoyo. Y sí, es probable que a nivel madurativo, digamos, sea mucho *mayor* que él.

P: ¿Alguna vez te ha dado miedo la posibilidad de que Manuela superara en, no sé, en habilidades sociales a Mateo?

N: Miedo, no. Es una realidad, es un hecho. No es que lo supere, es que tiene unas capacidades diferentes a las de su hermano. Ellos nunca van a ser iguales y, probablemente, Manuela le enseñe mucho a Mateo. Por ejemplo, a veces, cuando vamos al parque a jugar, a lo mejor ella comienza a entablar conversación con algún niño y mete a su hermano. Muchas veces es su puerta de acceso a los demás. Porque Mateo no es que no quiera estar con niños, es que puede que no tenga las herramientas para hacerlo.

P: Hablando de las capacidades de Manuela, ¿te ha llegado últimamente el concepto de altas capacidades y empiezas a sospechar que Manuela pueda tener esa condición?

N: Sí, en otra dirección que su hermano, pero una condición especial también...

P: ¿Qué es eso de las altas capacidades y cómo llega este concepto a ti? ¿Y qué observas tú en Manuela para tener esas sospechas?

N: Pues fíjate que fueron mis seguidoras las que me dieron la pista. También algunas profesoras y psicólogas me habían escrito por privado con mucho tiento y respeto para decirme: «Oye, Noemí, con lo poco que enseñas de Manuela, y con la edad que tiene, todo apunta a **altas capacidades**, porque tiene esta sensibilidad, esta creatividad, porque es una niña con un vocabulario muy desarrollado, porque escribe muy bien para lo pequeña que es y no se sale de la raya pintando los dibujos, porque tiene una gran empatía...».

Y, de nuevo, las altas capacidades no son lo que hemos creído toda la vida que eran. Si algo me ha enseñado el autismo es que todo lo que sabemos hay que ponerlo en cuarentena porque siempre hay nuevos paradigmas, nuevos enfoques. Yo no tengo claro si Manuela tiene altas capacidades o no, eso tendrá que verlo un psicólogo o un especialista, pero sí es cierto que en su forma de ser destacan rasgos de personalidad que nadie le ha enseñado y que apuntan hacia esa condición. Es muy pequeña todavía para saberlo, pero, si otra cosa he aprendido gracias al autismo, es que el diagnóstico precoz es fundamental, y si resulta que Manuela, con cuatro o cinco años, tiene un diagnóstico de altas capacidades, pues habrá que trabajarlo también con ella. «Altas capacidades» no significa que sea más fácil, todo lo contrario: hay que seguir dándole la motivación y la inspiración para que no se frustre, para que no se aburra y pueda seguir el ritmo ordinario de su desarrollo académico.

P: ¿Altas capacidades es alto rendimiento, o tiene que ver con lo que antes se llamaba ser superdotado?

N: No, realmente no. De hecho, las altas capacidades, hasta donde yo he podido averiguar, no implican un alto rendimiento, una alta productividad. Indican que se dan en alguien unas condiciones para afrontar determinadas situaciones de una manera diferente a la del resto de los niños. Son personas con poca tolerancia a la frustración, hay materias que se les dan muy bien, aunque hay que saberlas encauzar también muy bien... Es verdad que todavía estoy poco informada sobre el tema, pero ya estoy sobre la pista. Y vuelvo a repetir, ya lo he dicho en capítulos anteriores, que para nosotros no es un problema la diferenciación. Para nosotros lo que es importante es que cada uno tenga su propio desarrollo.

P: Lo que me parece una carambola, una broma de la vida, es que al final resulte que las altas capacidades puedan estar relacionadas con el autismo.

N: Sí. Bea de @soymamavaliente tiene varios artículos colgados en su perfil que relacionan las altas capacidades con el autismo y que sostienen que, a veces, pueden llegar a solaparse y que tenga lugar una **comorbilidad**, que es cuando se dan dos trastornos a la vez. Lo que sí está claro es que la diferencia entre el autismo y las altas capacidades suele localizarse en las habilidades sociales y de comunicación. Los peques con altas capacidades no suelen tener tantas dificultades en la comunicación, en los roles sociales, en el lenguaje. Desde que nació Manuela, ya vi que me miraba a la cara, que empatizaba conmigo, que, con muy pocos mesecitos, señalaba... Sabíamos que ella no presentaba rasgos TEA, y hasta ahora ha tenido un desarrollo neurotípico. Uno de mis grandes miedos es que no se vea afectada por la atención que le damos a su hermano. A veces siento mucha culpa porque ella no es responsable de lo que ocurre con su hermano ni de la atención que necesita por mi parte, ni de las terapias... Así que intento siempre tener ratitos para estar a solas con ella, y lo agradece muchísimo, muchísimo.

P: Déjame aclarar una cosa: si Manuela tiene altas capacidades, ¿puede ser que se deba a que está expuesta a una situación familiar particular, que es la de la presencia de Mateo? ¿O es una cuestión hereditaria igual que ocurre con el autismo de su hermano?

N: No sé hasta qué punto es hereditaria o no. Es cierto que la forma de criar a Mateo implica hablar en un idioma nuevo y una sobreestimulación para que sea capaz de entender el contexto en el que está, y así tener lo que en RDI se llama «**referenciación**». Obviamente, Manuela se nutre de esa crianza, y a mí me encanta. Me encanta hablar con ella y que sea consciente de lo que pasa con su hermano. Desde muy pequeña ha sabido comunicarse en casa incluso señalándome pictos de Mateo. Lo que quiero decir es que probablemente el ambiente familiar haya favorecido que ella también reciba sobreestimulación sin pretenderlo nosotros, solo por la propia forma de educar que se le ha dado a su hermano.

P: ¿Y que eso la haya potenciado?

N: Puede ser.

P: ¿Qué responsabilidades tiene Manuela? ¿Tiene alguna más que Mateo?

N: Por ahora, no. Ninguna. Y me esfuerzo para que no las tenga. Aun así, ella es muy generosa. Intento que Mateo sea autónomo y procuro darle tareas que fomenten su autonomía, como ponerse los zapatos. A veces se hace más difícil, por ejemplo, se está poniendo los zapatos y se distrae. Entonces, Manuela, sin que yo se le diga, se hace cargo. Casi como si fuera su profesora. Siempre, siempre ha tenido muy en cuenta a su hermano. Desde muy pequeña, cuando aún llevaba pañales, venía y me pedía una galleta, y me decía: «Tate», como diciéndome: «Para Mateo también». Entonces, yo le daba una galleta a ella y otra para Mateo, y ella iba y se la daba a su hermano. Para ella la figura de su hermano ha sido siempre imprescindible, siempre.

P: ¿Te da miedo que, a medida que Manuela vaya desarrollándose en todos los sentidos, pueda llegar a rechazar aspectos de Mateo?

N: Eso no va a ocurrir nunca. Estoy absolutamente convencida de ello. Aunque habrá que ayudarla para que entienda algunas cosas, tiene un amor incondicional y una protección hacia su hermano que no es normal en una niña de su edad. Ella intenta comprender el porqué de algunas cosas y me pregunta cada vez más a menudo por el autismo. A veces, como Mateo es muy efusivo, si la abraza muy fuerte, le dice: «Mateo, despacio», o me llama a mí con un: «Mamá, Mateo me está abrazando muy fuerte».

P: ¿No existen celos de ella hacia él?

N: Yo no se los he visto nunca. Como ocurre con cualquier niño, y más teniendo en cuenta que es su hermano mayor, si él tiene algo que le gusta, también lo quiere para ella. Pero no hay rabietas por nada que tenga que ver con él. Otra cosa es la atención que ella me demanda, aunque también siento que eso pasa en cualquier otra pareja de hermanos, la verdad. Es decir, si Mateo viene y demanda atención, automáticamente Manuela, desde donde esté, demanda la misma atención. En estas situaciones es quizá cuando me he podido sentir más limitada porque suelen querer lo mismo a la vez. Pero es en lo único que siento que hay algo.

P: Creo que merece la pena retomar el hecho de que has dicho muchas veces que Manuela es una niña de alta demanda.

N: Bueno, bueno, es que Manuela ¡es mucha Manuela! [*ríe*].

P: Te cambia la voz...

N: [*Se ríe*]. Sus dos primeros años fueron complicados porque era una demanda muy excesiva. Era una niña que se despertaba por la mañana llorando y todo el rato necesitaba que le hicieras caso. Su demanda era con llanto, siempre. Por la noche dormía regular y se despertaba muchísimas veces... Porteé a Manuela y la dormí en brazos hasta que cumplió dos años... Fue a esa edad cuando hizo el gran cambio.

P: Has comentado que ellos no rivalizan, pero quiero dejarlo muy claro, ¿no rivalizan por nada en el día a día? ¿Ni siquiera por los dibujos que ven?

N: Uno quiere unos dibujos y el otro quiere otros. Yo establezco un orden y les digo que, si un día uno ha escogido, al día siguiente elige el otro. Si Manuela quiere unos dibujos y Mateo otros, vamos turnándonos y de verdad que el noventa y nueve por ciento de las veces lo respetan y lo aceptan. Es cierto que a veces se enfadan. No siempre es todo de color de rosa, no siempre hay un «sí» en la boca de mis hijos, como es normal. Pero, en general, la relación entre ellos es buena, es muy buena.

P: ¿Manuela está incluida en las terapias de Mateo?

N: A veces sí está y hacemos juegos de lo que sea. Le gusta mucho participar. Pero no siempre está con nosotros.

P: ¿No es necesario que participe?

N: Depende de lo que se vaya a trabajar ese día. A veces es necesaria una terapia más enfocada solo a Mateo y otras en su sociabilización, y ahí es cuando entramos los demás en acción.

P: Porque no todas las terapias son exclusivamente para el autismo, ¿no es así? Hablo, por ejemplo, de la equinoterapia.

N: Claro.

P: Es una cosa que a ella le viene igual de bien que a él.

N: Eso es. Mientras Mateo hace equinoterapia, ella practica equitación. Cuando busco una actividad para ellos, siempre intento que sea inclusiva. Tanto si hacen equitación como, por ejemplo, un bosque escuela, busco que sea una actividad para niños neurotípicos en la que los peques con autismo puedan tener cabida, que haya un apoyo para ellos, de manera que los dos puedan estar incluidos dentro del mismo grupo y que Mateo pueda seguir la actividad. Durante este último año, Manuela ha hecho equitación, y Mateo, equinoterapia, dentro de la misma actividad. Como curiosidad: a los dos les gusta ir con el otro hermano; solos no les gusta. Cuando alguna vez alguno de los dos ha estado malito, el otro no ha querido ir.

P: Curiosamente, Mateo hace las rutinas domésticas junto a Manuela.

N: Exacto. Comen juntos, se bañan juntos…

P: Se lavan los dientes juntos.

N: Todo, todo. Leemos cuentos juntos…

P: ¿Los mismos cuentos para los dos?

N: Exacto. Los mismos cuentos para los dos.

P: Y se van a la cama a la vez y se despiertan a la vez.

N: Sí, todo, todo a la vez los dos.

P: ¿Alguna vez te has planteado que esto pueda ser un foco negativo, en algún sentido, para Manuela?

N: Mi mayor miedo y donde tengo el foco puesto es en no cargarla con una responsabilidad que no le corresponde. Cuando hablo con otras familias, me trasladan exactamente lo mismo: que los hermanos siempre son los grandes impulsores de niños con NEE. A mí no me extrañaría que el día de mañana Manuela quisiera estudiar una educación especial o ser terapeuta. No sé si va a ir por ahí o no, porque creo que tiene otros intereses, pero no lo descarto. Y conozco muchos casos de familias en las que los niños han desarrollado su carrera profesional influidos por las necesidades que ha tenido alguien muy cercano. Si Manuela quiere dedicarse a las personas con autismo, pues la apoyaré. Que quiere dedicarse a ser cantante, también. La voy a apoyar en lo que quiera ser, siempre que no se vea condicionada por su hermano. Es algo que tengo muy presente.

P: ¿Ellos juegan juntos?

N: Sí, en nuestro caso sí. Siempre he fomentado que jugaran juntos, que estuvieran juntos. Son juegos cortitos, eso sí. De tres o cuatro minutos. Luego simplemente están en la misma sala, dibujando los dos a la vez, cada uno en una mesa, o ella está jugando con sus cosas y él con sus camiones de bomberos. Cada uno a su aire, pero en la misma sala.

P: ¿Escuchan la misma música, ven las mismas películas, les interesan las mismas cosas?

N: Pues realmente sí porque en casa todo es muy inclusivo. Cuando pensamos en ver una película, un día la escoge uno y otro día la escoge el otro. Con Mateo es relativamente sencillo negociar el contenido de lo que vemos, siempre y cuando, si él no es el primero en elegir, tenga muy claro que a continuación va a hacer algo que le encanta. Es flexible en ese sentido.

P: ¿En algún momento has pillado a Manuela imitando comportamientos de Mateo para recibir algo que él sí estaba recibiendo y ella no?

N: Depende, pero creo que como cualquier niña de su edad.

P: Y, ¿qué crees que recoge ella de él? Porque ya has hablado de la generosidad de Manuela, pero no sé si Mateo es igual de generoso.

N: Mateo es mucho más individualista que ella... Cada circunstancia y cada ocasión es absolutamente diferente. No sabría decirte... La relación entre los dos es muy variable, pero tienen establecido su propio código y saben hasta dónde tirar cada uno. Reconozco que a veces sabe chinchar a su hermana. A lo mejor no de la manera más corriente, pero él sabe que hay una acción y una reacción.

P: ¿Alguna vez el ímpetu de Mateo te ha generado alertas?

N: A Mateo ha habido que enseñarle, y eso es una cosa que se trabaja en terapia, que los abrazos se dan con suavidad. Cuando se pone muy nervioso el abrazo puede funcionar como cualquier otra estereotipia. A veces da abrazos más fuertes porque está muy contento, pero debe interiorizar y comprender que hay que controlarlo. Hay que explicarle que al otro no le gusta recibir abrazos muy fuertes; que le gustan los abrazos, pero no muy fuertes.

P: ¿Has tenido que explicarle cosas excepcionales a Manuela alguna vez? Es decir, que hay cosas que no hace falta que haga con el resto de los compañeros, pero que con Mateo sí debe tener en cuenta.

N: Claro. A veces Manuela se enfada mucho porque Mateo no pide las cosas por favor y porque no da las gracias. Se enfada y me dice: «Mamá, es que Mateo no me lo ha pedido por favor». Ella tiene toda la razón, porque en eso la hemos educado, así que he tenido que explicarle que el cerebro de Mateo tarda un poquito más que el suyo en entender y que a veces no se acuerda de pedir por favor, pero que eso no significa que no quiera hacerlo. Siempre se lo explico así, diciendo que necesita ir más despacio y que hay cosas que no comprende tan rápido como ella. Y Manuela lo comprende.

Si algo me ha demostrado la crianza de mi hija es que cuando a los niños se les explican las cosas, las entienden; y que, incluso cuando no es así, hay algo dentro de ellos que afloja un poco y llegan a aceptarlas. Hace un tiempo, por ejemplo, me operaron y no podía cogerla en brazos. Era muy pequeña y recuerdo que le enseñé la herida y le dije: «Mira, mamá tiene pupa y no puede cogerte», y ella me miró y me dijo: «Vale», y no volvió a pedírmelo. Pasados un par de meses, volvió a la carga, pero antes me dijo: «¿Estás curada? ¿Ya no te duele?». Su delicadeza y generosidad son increíbles.

P: ¿Alguna vez has visto a Manuela tratando con otros niños autistas?

N: No.

P: ¿Cómo crees que reaccionaría? ¿Con familiaridad hacia ciertos aspectos o con la misma extrañeza que cualquiera...?

N: Pues probablemente extrañada, porque cada autismo es diferente. Y no es que Manuela vaya a tratar con un niño con autismo, es que hay un niño con autismo que no ha visto a Manuela en su vida y que tiene que tratar con ella, y probablemente ese niño tampoco tenga las herramientas para tratar con ella. Eso va en las dos direcciones, no es solamente...

P: Entiendo.

N: En el caso de que Manuela tuviera que tratar con un niño con autismo, pues le diría que en el cerebro de ese niño pasa lo mismo que en el de Mateo, que hay que explicarle las cosas más despacio y tener mucha paciencia. Y ella lo entendería perfectamente.

P: Tengo la impresión de que Manuela es una hermana pequeña haciendo de hermana mayor.

N: Absolutamente. Ya he señalado que una de las recomendaciones que nos dieron antes de matricular a Manuela en el colegio es que fuera a otro. Se explica desde el punto de vista de que los hermanos de peques con autismo tienden a dejar de lado a sus compañeros de clase para estar con sus hermanitos, para protegerlos. Tenemos la gran suerte de que en la escuela a la que van ellos dispone de un protocolo de patios en el que hay una integradora social con Mateo todo el tiempo, un acompañamiento para que él esté involucrado en un corro de la patata, en un pillapilla..., y eso le permite a Manuela tener sus propios amiguitos.

P: ¿Alguna vez has pillado a Manuela defendiendo a Mateo o a Mateo defendiendo a Manuela?

N: He pillado a Manuela defendiendo a Mateo. Recuerdo una vez que estábamos en una hamburguesería, en la zona de los columpios, y vinieron unos niños e intentaron hablar con Mateo y decirle que si quería jugar con ellos. Él no entendió lo que le estaban diciendo y no tenía las herramientas para contestarles: «Sí, quiero jugar con vosotros». Mi impulso de madre era meterme en esa conversación entre dos niños para explicárselo, pero en esa ocasión decidí no interceder y ver qué pasaba. Él no les hizo caso, Manuela sí. Entonces Mateo empezó a correr de un lado para otro y a hacer cosas que para nosotras son lo habitual, pero para ellos no, y empezaron a hablar de él, que si este niño no quiere jugar, que si no sé qué le pasa... y Manuela dijo: «Pues es mi hermano y yo me voy a jugar con él», los dejó y se fue a jugar con Mateo. Es que lo de esta niña es demasiado, la verdad. Es la única situación que he presenciado, pero estoy convencidísima de que se habrán dado más que yo no he visto.

P: ¿Has oído hablar de hermanos, uno de ellos con autismo, que no se lleven igual de bien?

N: Me viene a la cabeza Natalia, de @crecer_contigo, y creo que sus peques se llevan más o menos igual. El mayor es el que tiene autismo y el pequeño es neurotípico, y veo relaciones muy parecidas. Y es que creo que todo esto depende de los padres y del tipo de educación que den a sus hijos, y de que no sobrecarguen al peque que no tiene autismo con una responsabilidad que no le corresponde o no lo dejen en un segundo plano. Incluirlo, explicarle qué es lo que pasa cuando... Se me ocurre también el caso de Lourdes y Lurdi y Pepa, de @soypepablasco: su madre dice que su hija mayor es autista y la pequeña, artista. Cuenta que la pequeña lo que quería era comunicarse con su hermana y le encantaba dibujar, así que lo utilizaba para comunicarse con ella.

P: ¿Alguna vez Manuela ha dicho: «Mateo, ¡déjame en paz!»?

N: Sí, sí. Cuando ella está tranquila con sus cosas y él va a chincharla y le quita lo que tenga en las manos... Lo más típico del mundo entre dos hermanos, insisto. Aunque te explicaré lo que me pasa en estas situaciones. Para mí es un éxito que tenga en cuenta así a su hermana y que la haga tan partícipe de sus cosas. Lo que suelo hacer en esas situaciones es acompañar a Manuela para explicarle esa parte y ayudarle a comprender el porqué de algunas situaciones que se dan con su hermano.

P: ¿Mateo dibuja a Manuela?

N: Siempre, siempre.

P: ¿La incluye en sus dibujos?

N: Siempre, siempre. Mateo tiene muy claro quién es su familia y cuando la dibuja nos incluye a todos. Y si le preguntas:

«¿Esta quién es?», te contesta: «Esta es Manuela». Siempre. Para él es imprescindible.

P: Vale, he dejado las intensas para el final...

N: A ver, que me preparo para llorar [*se ríe*].

P: Retomamos el hilo del principio: supongo que, al nacer Manuela, como ya eras consciente de la condición de Mateo, sentías cierta inquietud por si ella podía tener autismo también.

N: Claro. Sí, sí. La incertidumbre asoma y en sus primeros meses de vida evaluaba yo misma, en casa, los hitos que sabía que tenían que darse por edad. Pero muy pronto nos dimos cuenta, por cómo buscaba comunicarse, por su desarrollo y sus intenciones comunicativas, de que su personalidad no tenía nada que ver con la de una persona con TEA.

P: Nace Manuela. Pasan los primeros días, primeras semanas, primeros meses, ¿te sigues preguntando si tiene autismo?

N: Manuela es muy diferente. Como he dicho, ella fue una bebé de alta demanda, recuerdo que necesitaba sentir estímulos y atención muy regularmente para estar calmada. La tenía que acunar constantemente en brazos hasta que se dormía. Enseguida vi que me miraba a los ojos, que centraba la vista en mí, que señalaba con el dedo... En el momento en que Manuela señala y me demanda, yo me digo: «Desarrollo neurotípico, al menos a simple vista».

P: ¿Y eso genera algún alivio en ti?

N: No lo recuerdo especialmente como un alivio.

P: A menudo hablas de Mateo y se te encharcan los ojos, pero es que también te pasa con Manuela. No hay vez que no veas a Manuela en una foto y no digas: «Ay, mi niña...». ¿Qué es eso? ¿Qué te pasa con Manuela?

N: ¡Te has guardado la dura para el final! Admiro tanto su forma de ser, tan pequeñita, pero a la vez tan poderosa que sabes que, aunque no quieras darle la responsabilidad, ella va a tener un papel superimportante en la vida de Mateo. La ley natural nos lleva a suponer que, cuando su padre y su madre no estemos, Manuela será el gran soporte de su hermano. Confío en la vida y, de verdad, confío en que Mateo va a tener una vida plena dentro de sus capacidades. No sé si convivirá conmigo siempre o será autónomo. No lo sé, no lo descarto. Yo confío plenamente en su capacidad. Pero Manuela, para lo pequeña que es, tiene muy buen corazón. Veo su generosidad con su hermano todo el tiempo, y me despierta muchísima ternura y muchísima compasión. Manuela, sí... [*rompe a llorar*] es muy especial...

P: ¿Manuela es tema u objeto de tus terapias?

N: No [*se ríe*]. Va a ser una niña con mucho carácter. Mi gran afán es que no se sienta jamás relegada a un segundo plano. Quiero que se sienta igual de importante, siempre.

P: ¿Te sientes culpable hacia Manuela en algún sentido?

N: Probablemente. Esa culpa de no querer que se sienta de menos también es el motor para hacer muchos más planes con ella. Intentar tener espacio, tiempo a solas con ella. Mi hermana, que ha trabajado cuidando niños, me dice siempre que ellos dos son buenísimos, que no son niños de rabietas. Son muy traviesos, muy movidos, de mucha actividad los dos, pero son también muy nobles.

P: ¿Crees que Manuela tendrá razones para querer escaparse de la circunstancia familiar? ¿Que se pueda sentir con ganas de alejarse de esta situación?

N: Ella es muy feliz. En un futuro, quién sabe. Es una niña muy querida por su entorno, con una personalidad de líder y un carácter fijo. Además, pese a su corta edad, tiene muy claro lo que quiere y se desvive por estar con su hermano. Los dos son niños muy felices y queridos. Y creo que, cuando a un niño o una niña constantemente le transmites tu amor y se siente querido y seguro, su autoestima vuela por las nubes. Justo eso es lo que quiero para Manuela.

10
RUTINAS

P: Aunque lo hemos apuntado en varias ocasiones, merece la pena que le dediquemos todo un capítulo a este tema. Vamos a hablar de cómo es el día a día con Mateo, a ver ejemplos de la vida cotidiana. Empecemos por cómo es una jornada de verano, cuando tus hijos están de vacaciones.

N: Empezamos por lo difícil. El verano, las vacaciones y las fiestas son lo más complicado, simple y llanamente porque no hay rutina. A principio de curso nos invitaron a dar una charla en el colegio sobre la maternidad y la paternidad de los alumnos del aula TEA, y una de las cosas que apunté fue que, aunque no lo parezca, es probable que sea mucho más fácil educar a un niño como Mateo que a una niña como Manuela, porque él es muy previsible, altamente previsible, y ella no. La rutina lo hace todo mucho más fácil, realmente.

P: ¿Hay espacio para entretenerse?

N: No sé si para entretenerse. Me gusta señalar la diferencia entre hábito y rutina: digamos que una rutina es hacer las cosas de una determinada manera siempre igual: los mismos pasos, los mismos tiempos y el mismo resultado. En cambio, un hábito consiste en una serie de acciones que te llevan a un resultado, aunque el proceso, los pasos y los tiempos para llegar a él puedan ir variando. Sería la manera de flexibilizar su día a día aunque el fin sea el mismo. Más bien es hacer lo mismo de diferentes maneras cada vez.

P: Manuela va en paralelo.

N: Sí, aunque ella demanda más autonomía. Cada día comienza siempre igual, con sus desayunos y su ropita, y prepararnos para el colegio, donde también tiene sus rutinas.

P: ¿En el coche qué tal es?

N: Bien.

P: ¿Le gusta el coche?

N: Sí, le gusta el coche.

P: En el coche el lleva silla para niños y su cinturón de seguridad, ¿verdad?

N: Eso es. Fue mucho tiempo a contramarcha pero estar sentado como un indio era muy incómodo para él. Mateo es un poco rígido también en lo corporal y le molestaba ir sentado así, de modo que decidimos ponerlo en el sentido de la marcha. Manuela se sienta y se pone como un indio; Mateo, en cambio, se sienta con las piernas estiradas. Esta flexibilidad es algo que hemos trabajado con Curro, su terapeuta, que además es fisio, para que gane movilidad también en las caderas y no esté tan rígido. Cuando se montan, los dos suelen pedir un cuento, una canción, que juguemos a adivinar los colores de los coches y en ocasiones también su tablet.

P: Y al llegar, Mateo ¿se despide y entra en clase?

N: Sí, de hecho, a veces ni se despide [*ríe*].

P: ¿Te bajas del coche?

N: Sí, me bajo y le digo a Manuela: «Cariño, espérame en la acera hasta que baje a Mateo», porque no puedo hacerlo al revés. No puedo bajar a Mateo y decirle que me espere, que voy a por Manuela, porque saldría disparado a la carretera o a cualquier sitio. Es una de las cosas que me da más ansiedad. Siempre procuro llevarlo cogido de la mano, siempre. No me puedo despistar. De hecho, ahora, a veces, cuando lo tengo cogido de la mano, mete un dedo para soltarse. Entonces se lo vuelvo a coger y él vuelve a poner el dedo así... [*hace el movimiento*]. Va tan contento y te va sacando así los dedos, para que no lo cojas [*se ríe*].

P: Por si no lo notas, ¿no?

N: Sí. Entonces sale disparado corriendo y llega al colegio supercontento. Normalmente vamos jugando hasta que llega al aula. Me da muchísima tranquilidad que siempre vaya tan contento porque me da pistas de cómo está en clase. Cuando él ya está dentro, hablo un rato con las profes. Entra al colegio por el aula TEA. Luego pasa a su clase de primaria con sus compañeros y si necesita apoyo vuelve al aula TEA.

P: ¿Le reciben ahí para chequearle a ver cómo tiene el día?

N: También es donde él se encuentra más tranquilo y dispuesto para *enfrentarse* a un aula con veinte compañeros más. Las entradas suelen ser muy tranquilas, es un niño estable, duerme bien, no tiene malas noches, siempre se despierta feliz. Tengo una máxima en cuanto al sueño: que duerma las horas suficientes para que no tenga que despertarlo por la mañana. Es decir, que se despierte solo.

P: ¿Y al salir del cole?

N: Lo suelo recoger en la clase, donde está con el resto de sus compañeros. Cuando llego está esperando con su mochilita puesta. Ha habido varias fases de recogida: una temporada en la que no se quería venir conmigo, otra en la que empezaba a llorar, otras veces me tiraba la mochila... Cada día era una sorpresa.

P: ¿No le gusta?

N: Siento que durante el día recibe un sinfín de órdenes y de estímulos. El día a día para él es un trabajo constante y cuando llega la hora de la salida y me ve, es su momento de «Por fin soy libre», como la liberación de un día de mucho trabajo.

P: Y Manuela no reacciona a eso.

N: No.

P: Todavía no.

N: Suelo llevarles la merienda, para la que cada vez me resulta más difícil encontrar alternativas. Tengo dos o tres opciones; si me salgo de ahí, Mateo me dice que no quiere merendar. Es difícil introducir alimentos nuevos.

P: ¿No hay parque en el día a día?

N: Depende del día y del frío que haga [*ríe*]. Aunque durante muchos años no he ido porque la logística del parque si estoy sola es muy difícil: Mateo se escapa y Manuela demanda atención. Creo que incluso he tenido fobia a salir a la calle con ellos por si él se me escapaba o Manuela se iba en otra dirección..., me daba muchísima ansiedad.

P: Entonces, vais del cole a casa.

N: Eso es, allí, y hasta la hora del baño, jugamos, pintamos, utilizamos la tablet, lo que vayan demandando. Y luego siempre es igual: baño, pijamas, cena, lavar los dientes, cuento y a dormir. Siempre es así, siempre.

P: Y en total, desde que entras en la habitación hasta que sales, ¿cuánto tardas?

N: Media hora.

P: ¿En media hora les has dormido a los dos?

N: Sí. Es un momento que disfruto muchísimo, la verdad, el del cuento, de abrazarnos, de reírnos... Y sé que ellos están tranquilos y seguros con esa rutina. Mis hijos tienen superinteriorizado todo ese orden porque, aunque creamos que es lo que mejor funciona con Mateo, a su hermana también le beneficia muchísimo. Si alguna vez tengo algún evento o trabajo por la tarde y se quedan al cuidado de alguien de mi absoluta confianza, ellos mismos saben indicarle qué paso va después del otro.

P: Sin embargo, la rutina está llena de...

N: Esto es de lunes a viernes. Luego, sábado y domingo, con la falta de rutina, estamos muy descolocados los tres.

P: ¿Los fines de semana se despiertan a la misma hora?

N: Sí, como muy tarde a las ocho están despiertos.

P: ¿Cómo lo hiciste durante el COVID?

N: A veces yo también me hago esa pregunta [*ríe*]. La verdad es que los fines de semana me entra un poco de angustia por la falta de rutina, y físicamente es agotador. Aunque te diré que ahora, con cuatro y seis años, empiezan a entretenerse solos y juegan juntos un montón.

P: Me interesa muchísimo cuando dices: «Me sobrepasa un poco, me agobia». ¿Qué haces en esas situaciones, cuando detectas que te estás desbordando?

N: Sinceramente, aguantar como puedo. Aún no he encontrado otra alternativa que capear el temporal cuando sé que me está viniendo la ansiedad y la angustia de sentirme incapaz. No tengo a nadie que viva cerca a quien pedirle ayuda y hay días en los que estoy sobrepasada. Por eso procuro buscar planes sobre todo en sitios cerrados y que se puedan cambiar fácilmente.

P: A una lectora que esté leyendo esto y no sea madre de un niño con autismo, pero que conozca a alguien en esa situación, ¿le dirías que estaría bien ofrecerse...?

N: Eso sería maravilloso. Sería un regalo del cielo. Yo no me atrevo tampoco a pedir ayuda porque no quiero molestar. Pero muchos días la necesitaría, sin duda.

P: Para que quede muy claro: normalicemos ofrecer nuestra ayuda, aunque no nos la pidan.

N: Exacto.

P: Digo ayuda por no decir entretenimiento, planes..., porque muy probablemente necesites ayuda, aunque no la pidas.

N: Me cuesta muchísimo pedirla.

P: ¿Y estás aprendiendo o...?

N: No, sigo sin pedirla. Hasta que exploto [*se ríe*].

P: ¿Vas con ellos a los centros comerciales?

N: Estamos empezando a ir, pero es un lugar altamente estimulante para Mateo y, en cuanto lo pisamos, echa a correr y yo detrás de él. No tengo claro si es porque se trata de un espacio muy abierto, o por las luces o las tiendas, lo que sé es que se lanza a correr, muy deprisa, por cierto, y no para. No me puedo plantear *ir de compras* con ellos. Es un momento muy tenso, sobre todo para Mateo y los tiempos de espera. Del curso de **disciplina positiva** aplicada al autismo que hice con Tati, de @autismoenpositivo_, recuerdo un dato que me llamó la atención: un minuto de espera para un niño con autismo es el equivalente a sesenta minutos de espera para ti. Cuando veo una cola, ¡uf!... [*Resopla*], me echo a temblar.

P: Y en esos casos, ¿no cuentas con ningún distintivo, un carnet, que te permita adelantarte?

N: ¡Qué va! ¡Qué va! No hay nada.

P: ¿Y qué se puede hacer?

N: Sinceramente, procuro no exponer a Mateo a esas esperas, es una gran tortura para él. Y cuando no me queda más remedio que hacerlo, me llevo recursos que lo puedan tener entretenido: el iPad, un cuento...

P: ¿Nunca has tenido que llegar a una cola y decir: «Perdona, es que necesito pasar»?

N: No, si ese es el caso, ya no voy. Si veo una cola en la que tendré que pedir permiso, me voy. Estoy intentando cambiar eso, pero me cuesta muchísimo.

P: ¿Y cuando se trata de un viaje en avión o un viaje en tren?

N: He viajado dos veces con él en avión, y las pinturas, los cuentos y el iPad han sido nuestros grandes aliados.

P: ¿Las pantallas a ti no te preocupan lo más mínimo?

N: Nada, nada en absoluto.

P: Son tus aliadas.

N: Absolutamente. Han sido mis grandes amigas [*se ríe*].

P: ¿Qué te aportan? Vamos a hacer un llamamiento a favor de las pantallas. ¿Te imaginas tu vida sin pantallas, sin tablets, sin teléfonos, sin televisores?

N: ¡¡Me replantearía mi vida!! [*se ríen los dos*]. ¿Sabes qué pasa? En realidad, a Mateo no le gusta estar más de quince minutos con la tablet, media hora como mucho. Si va en coche, quizá un poco más. Entonces, no me preocupa su exposición a las pantallas porque no considero que abuse de ellas.

P: ¿Y qué ven? ¿Qué ve en la tablet, Mateo?

N: A Mateo le gusta mucho ver vídeos de transportes, de letras o de animales, y le encanta ver un canal que cuentacuentos en YouTube. La mayoría de los cuentos que tenemos en casa los ha visto antes en YouTube. ¡Se los aprende de memoria, incluso la entonación, y si es en otro idioma, mejor! También usa su iPad para jugar a alguno de esos puzles con trenes, o para lavar coches...

P: O sea, el tocar.

N: Sí, manipulativo.

P: Eso está guay. Juegos.

N: Sí. Y muchos vídeos de letras. Los vídeos de los abecedarios que están en YouTube, en español y en inglés.

P: Entonces... salir de casa, en general, para cualquier cosa que rompa la rutina, es difícil.

N: Sí, es muy complejo.

P: ¿Siempre hay una previsión?

N: Sí, al menos para mí. En la medida de lo posible, no suelo arriesgarme a improvisar.

P: Para que entendamos un poco más dónde está la dificultad, ¿recuerdas algún episodio que puedas compartir en el que tuvieras que salir de casa con ellos y fuera muy complicado?

N: Es que no me coloco en esa situación porque me produce los picos de ansiedad más altos que he tenido.

P: ¿Organizas fiestas de cumpleaños para los niños?

N: Sí, y pasé por todas las fases: de la macrofiesta pre-COVID a la minifiesta durante la pandemia. La primera me generaba mucho estrés por los preparativos y me di cuenta de que no disfrutaba del cumple con tanta organización, así que he empezado a simplificar muchísimo. Recuerdo que organizaba unos supercumpleaños con mil preparativos y ahora disfruto mucho más con los cumples de toda la vida.

P: Y su cumple, ¿lo celebra?

N: ¿Si él entiende el concepto?

P: Sí.

N: Le gusta mucho la celebración, la tarta y la fiesta.

P: ¿Entiende que es una fiesta dedicada a él?

N: No sé si llega a ser plenamente consciente de eso, de que es una fiesta para él. A él lo que le gusta es lo de la tarta, tanto, que sopla las velas de todas las tartas, incluso cuando no es la suya [*ríe*].

P: Y reuniones familiares, Navidades..., me imagino que viene a ser un poco lo mismo que me estás contando para los cumpleaños.

N: Sí, pero he detectado que últimamente estas celebraciones le ponen nervioso. En general, ver que no hay rutina y no saber qué va a pasar le pone nervioso. Y lo noto porque no me escucha, tiene quizá un pico de ecolalias y la conversación con él no es tan fluida.

P: O sea, tampoco tenéis la presión de juntar familia...

N: No.

P: ... para hacerle sentir especial por alguna cosa.

N: No. De hecho, aunque luego me lleno de trabajo, para mí es más cómodo hacer lo que haya que hacer en mi casa que ir a la de otra persona. En las otras casas suelo estar muy tensa porque tengo que estar muy pendiente de Mateo, porque no sé dónde están los posibles *peligros* para él. No te imaginas la cantidad de recovecos y amenazas que hemos descubierto en las casas de mis amigos [*ríe*]. Al final es un niño muy curioso, está recibiendo muchísimo estímulo y mucha información del entorno y las casas nuevas son para él el origen de muchos sobreestímulos.

P: ¿Alguna vez has tenido que cambiar de repente el plan y decir: «Nos vamos»?

N: Sí, sí. Muchas veces. He aprendido a reconducir los planes y a marcharnos antes de lo previsto para que él pueda estar más tranquilo.

P: ¿Y eso es frustrante para ti?

N: Diría que hay momentos en que me desbordo.

P: ¿Normalmente?

N: Cuando tengo… [*aspira profundamente para intentar contener las lágrimas*]. Procuro limitar al máximo las visitas en casa de los demás, salvo que tengan mucho espacio, pero delimitado, para correr, y eso suele ser difícil. Siempre que vamos, tiene que ser con la mentalidad y tranquilidad de que podemos irnos de allí si hay mucha sobreestimulación y Mateo necesita tranquilidad para regularse.

P: ¿Eres estricta con la comida?

N: Realmente, no.

P: ¿Y nunca te has sentido culpable?

N: No, y reconozco que me encantaría ser como esas madres que ofrecen todo tipo de alimentos a sus hijos, y ellos los aceptan. Sería tan feliz… Sería maravilloso, pero no es el caso.

P: ¿Quizá esa sea la gran batalla perdida para ti?

N: Ahí no entro.

P: Es decir, eliges tus batallas.

N: Sí, y en la comida procuro que estemos en paz. Mis hijos comen todos los grupos de alimentos, pero siempre los mismos. Comen verdura, fruta, carne, pan, etc. Siempre cocinado de la misma manera y siempre ofrecido de la misma forma.

P: ¿Y lo de lavarse los dientes?

N: Eso lo tiene supercogido. Sí, los dos, además.

P: O sea, Mateo no tiene ningún escrúpulo a la hora de lavarse los dientes.

N: No, es algo que han trabajado mucho en el cole y hemos reforzado aún más en casa. Una de las cosas que trabaja todos los días con la integradora social en el aula TEA es su autonomía: vestirse, bañarse, lavarse los dientes, lavarse las manos, peinarse, ponerse colonia... Al principio lo trabajaban con pictos y con una secuencia, pero a medida que lo fue interiorizando ya no hicieron falta esos pictos.

P: ¿Has visto a Mateo consultar los pictos? ¿Le ves hacerlo?

N: Mateo tiene una gran memoria, probablemente le baste con mirarlos una vez o dos como mucho.

P: Ya. Lo digo porque cuando hablas de los pictos parece que cumplen una función de mapa experiencial. En plan, ¿dónde estoy?

N: Digamos que su función es la traducción. Saber qué ha cumplido y qué va después. De hecho, te diré que Mateo aprendió a leer gracias a los pictos. Desde el principio lo que hacíamos era escribir la palabra debajo del picto. Él no aprendió a leer por el método tradicional en el que la «m» con la «a» es «ma». Mateo lee entero «mamá» porque sabe que esos cuatro símbolos juntos significan eso. Es lo que se conoce como lectura global.

P: ¿Practica algún deporte? ¿Le gusta el fútbol? ¿Artes marciales?

N: De momento no le interesan.

P: ¿Correr?

N: Correr seguro [*se ríe*]. Sería un gran profesional del atletismo, estoy segura.

P: ¿Y es hábil con las manos? Por ejemplo, ¿se ata los zapatos?

N: La lazada aún no, pero ponérselos, sí. En la entrada de casa, por ejemplo, tengo pegada en la pared una secuencia de pictos de cómo ponerse los zapatos.

P: Vale, y bailar, ¿baila?

N: Sí, es divertidísimo verlo bailar [*sonríe*].

P: ¿Y canta?

N: ¡Ya lo creo!

P: ¿Y tiene música favorita?

N: ¡Sííí! Hay canciones que se las sabe enteras. Por ejemplo, «De ellos aprendí», de David Rees, en la que él toca el ukelele y en la letra va nombrando a personajes de las películas de Disney. Esa, Mateo se la sabe entera, y le encanta. También se sabe la de Miki Núñez que fue a Eurovisión: «Me vale». Y Nil Moliner le gusta muchísimo también. En el colegio sus profesoras trabajan con él también el repertorio musical, aunque el niño deja muy claro lo que le gusta y lo que no.

P: ¿El cole es un gran introductor de novedades?

N: Sí, tengo la suerte de que las personas que acompañan a Mateo en el día a día también me guían y me ayudan mucho a mí.

P: Cuentos, canciones...

N: Sí. Y me cuentan lo que le gusta.

P: ¿Todo eso a través del aula TEA?

N: Sí. Ellos van probando. Tienen un mural enorme, como una pared entera, en el que cuelgan las fotos de los niños del aula TEA, cinco en total. Por otro lado, cuentan con unos doscientos pictos de cosas que se pueden hacer. Entonces le dicen: «¿Qué quieres hacer?» y Mateo sabe buscar el picto de la canción de Nil Moliner que quiere escuchar o lo que le apetezca hacer en ese momento, y lo hacen. Y también sabe montar una secuencia solo de lo que sería su agenda del día.

P: ¿Y a la hora de dormir? Dices que ningún problema...

N: Ningún problema. Mateo nunca ha tenido problemas para dormir, nunca, desde que nació. Alguna noche..., me acuerdo perfectamente de las dos noches malas que me ha dado Mateo en seis años.

P: ¿Tú no pasas sueño como madre?

N: Con Mateo, no. Con Manuela, lo he pasado todo.

P: Ah, vale [*se ríe*]. ¿Y pesadillas o algo así?

N: Alguna vez han tenido...

P: ¿Y no vienen a tu cama?

N: Me llaman desde su habitación y me los llevo a mi cama. En casa somos muy fans del colecho.

P: ¿A dormir contigo?

N: Sí. Y me gusta muchísimo.

P: ¿Duerme contigo en su cama?

N: No, en la mía. De hecho, tenemos un día en el que dormimos sí o sí los tres juntos en mi cama, y suele ser la noche de los viernes. Es algo que les encanta, y a mí me encanta sentir su calor y su respiración. Probablemente es de lo más placentero que tiene la maternidad. Me acuerdo perfectamente de la respiración de los dos cuando eran bebés, pegados a mi mejilla, así con la naricita pequeñita...

P: ¿Hay alguna conclusión respecto a las rutinas del día a día? Es decir, imagino que podemos concluir que tus rutinas no son las mismas que las del resto.

N: Digamos que están MUY marcadas. Y que, sea fruto o no de la condición de Mateo, Manuela se nutre muchísimo de esa organización.

P: Se nutre de ello, ¿no se limita?

N: Todo lo contrario, le da mucha seguridad y siento que fomenta su autonomía.

P: Creo que las conclusiones están servidas y que ha quedado muy bien retratado este punto. Una vez más, nos llevan a la calma, a ser conscientes de que hay muchas cosas de las que cuidar, pero que se hace y que...

N: Eso es. Desde mi punto de vista, la rutina es una gran herramienta para organizarnos a todos los niveles, y no solo por la condición autista; todos los niños están más tranquilos y son mucho más autónomos cuando saben lo que va a ocurrir. Animo a todo el mundo a que pruebe a seguir unas rutinas, sobre todo con los niños. No les van a abandonar nunca.

11
PALABRAS

P: Empecemos a hablar del lenguaje. Has repetido en varias ocasiones que no te molesta demasiado cómo se expresan algunas cosas, el vocabulario que utiliza la gente para comunicarse, y que, al final, te quedas más con la intención de lo que se quiere decir que con la forma.

N: Exactamente.

P: ¿Siempre ha sido así, o es que te has rendido?

N: Muchas personas se molestan y se enfadan por las palabras que otras emplean, porque siempre hay una lectura muy despectiva en el uso de determinados términos. Para mí, eso no es tan importante como el fondo que contengan, aunque creo que hay que buscar la inclusión en el propio lenguaje, buscar palabras que sean más cómodas para todos.

P: ¿Por ejemplo?

N: Por ejemplo, hay una corriente que considera que «discapacidad» es peyorativo porque habla de una falta de capacidades, y propone «**diversidad funcional**» como alternativa.

P: Es más amable.

N: Sí, probablemente. Pero, para mí, cualquiera de los dos términos es válido: solo depende de la persona de la que venga, de cómo se diga y del contexto en el que se utilice. Me ha pasado subir un *story* en el que he hablado de discapacidad y me han escrito para corregirme. O, por ejemplo, una vez utilicé «**inteligencias múltiples**» y me llamaron la atención sobre el mal uso que había hecho del concepto.

Ahora a veces parece que todo está mal. Eso es así. Al final la gente opina y está en su derecho, pero siento que nos centramos mucho en las palabras y estamos perdiendo de vista la idea o el sentido de lo que se quiere transmitir. A mí no me molesta el uso de determinadas palabras, siempre que se haga con respeto y buena intención. Hay otra corriente que condena la expresión «niño autista», en favor de «niño con autismo», porque argumenta que en el primer caso te estás refiriendo a que todo él es autismo, cuando en realidad hay que entenderlo como un rasgo de su personalidad. A mí, que me digan que Mateo es un niño autista o que yo soy autista no me molesta y entiendo qué me quieren transmitir; prefiero no perderme en tecnicismos en un primer diálogo con alguien y aprovechar ese tiempo para explicar bien en qué consiste el autismo. Quizá en posteriores conversaciones podamos centrarnos más en las palabras exactas.

P: Abro un paréntesis porque, escuchándote, tengo la impresión de que te ha sentado bien recibir tu diagnóstico.

N: Llevaba tiempo con un runrún y eso confirmó determinadas cosas. En algún momento, mientras hablábamos, te he señalado que no entendía lo que decías. Con ese tipo de situaciones me he dado cuenta de que a lo mejor esta es mi limitación, que algunas cosas no las entiendo. Eso me ha pasado en general toda mi vida: hay muchas maneras de hablar, ironías que no he entendido, pero tampoco le he dado más importancia. Ahora, poder darle una explicación, me proporciona cierta calma; saber que mi cerebro es así y que así es como será el de mi hijo probablemente. No es que me haya sentado bien o mal, no me ha sentado. Creo que no me ha afectado desde que lo sé.

P: Y si tuviéramos que ponerte a ti una de las etiquetas que existen, ¿con cuál te quedarías?

N: Es que, claro, como yo no he vivido con ello, ahora es complejo decirlo.

P: Claro. De todas formas, ahora, si pudieras elegir, ¿cuál te gustaría?

N: ¿Cuál es el término con el que me sentaría más cómoda?

P: Sí.

N: Es que yo ya tengo muchas herramientas aprendidas, por mi propio desarrollo vital. Creo que lo más cómodo sería **«con rasgos TEA»** o **«con rasgos del autismo»**. Aunque escuchar a alguien referirse a mí como una persona autista no me molesta.

P: ¿Te molestaría que alguien se refiriera a ti como «autista», directamente?

N: No. Aunque, insisto, depende de quién y cómo lo diga. Hay amigos que lo saben y en coña me dicen: «A ti te la suda todo, ¡como eres autista!» [*se ríe*]. O: «Como ahora eres autista...». Realmente con eso hay que tener cuidado. Aunque sé que es gente que me tiene cariño, gente que me quiere, no deja de tener cierta connotación peyorativa. Lo que sí puedo afirmar es que, a mis amigas, el diagnóstico les ayuda a explicarse muchas cosas sobre mí que antes les podían molestar y ahora ya no. Probablemente ese sea el gran cambio: antes me exigían una atención que no podía dar, que no me salía, y ahora ya no se me demanda tanto o, si se me demanda y no respondo, nadie se lo toma a mal.

P: Hay mucha gente que se esfuerza muy seriamente para que el lenguaje sea preciso, inclusivo, correcto, y de alguna manera tú los rebates y señalas que a lo mejor tenemos la piel demasiado fina. ¿No compartes una parte de todo el esfuerzo que se está haciendo?

N: Absolutamente. Creo que ese cambio es necesario y que va a favorecer a las personas con autismo, tanto niños como adultos. Lo único que digo es que no nos quedemos atascados en la discusión sobre los términos, ya que eso es una pérdida de tiempo respecto a lo que sí es importante. No voy a invertir dos horas argumentando por qué hay que utilizar «diversidad funcional» en vez de «discapacidad» porque prefiero emplear ese tiempo en explicarte que, para comunicarte con Mateo, es mejor que te agaches a su altura y que hables despacio, aunque crea que cuidar el lenguaje también es importante.

P: ¿Quizá haya un tiempo para todo? A lo mejor, si le dedicamos espacio al tema del lenguaje, a mencionar las cosas de forma correcta de una vez por todas...

N: Poco a poco se va haciendo el cambio, estoy de acuerdo. Lo que ocurre es que siento que las madres ya somos unas leonas defendiendo a nuestros hijos, y cuando además tienes un peque con necesidades especiales, todavía sacas más las uñas. Lo que sostengo es que si alguien con buena intención nos pregunta sobre el autismo y lo primero con lo que se encuentra es con una discusión sobre el uso del lenguaje, no estamos ayudando a acercar el autismo a personas que lo desconozcan. Insisto en que es necesario que el lenguaje vaya adaptándose y sea cada vez más acertado, de eso no me cabe ninguna duda. Para mí, la manera de tratar este tema sería con anticipación e información. Creo que es mucho más efectivo que ir siempre a luchar y a...

P: A rectificar.

N: A lo tóxico, eso es. A mí me consume mucha energía, lo tóxico.

P: Según dices, hay toxicidad en ese ejercicio de constante rectificación para que las cosas se nombren como...

N: Sí, creo que se puede caer en la toxicidad y perder totalmente la perspectiva, por eso no soy tan sensible a las palabras. Quizá, la única palabra a la que siempre procuro dar alternativa es a «normal», con la que, por otro lado, es muy corriente meter la pata. Cuando alguien me mira a la cara y va a decir «normal», me doy cuenta de que está intentando rápidamente buscar un sinónimo y no lo encuentra. Eso me ha pasado un montón de veces. En ese contexto lo que suelo decirle a mi interlocutor es que, si no quiere utilizar la palabra «normal» porque le resulta agresiva, que use «típico», «neurotípico» o «neurodiverso», que es lo que solemos decir. Y es que a mí me ha pasado hablando de mi propio hijo y le he tenido que preguntar al terapeuta cómo referirme a él. Lo que quiero decir es que hay quienes, ante este tipo de conversaciones, si alguien les dice: «Es que no es normal...», responden enfadados: «¿Y por qué no es normal?». Mucha gente me escribe para consultarme si está bien o no usar algunas palabras, o si hay alguna manera mejor de decir algo. Por eso siempre digo que confío al cien por cien en la bondad de la gente, en su disposición para ayudar, aprender y querer saber. Así que sí, para mí el lenguaje es importante y tiene que ir de la mano de la información que damos sobre el autismo, pero no podemos quedarnos solo con eso.

P: Sí. Entonces, los conceptos con los que tú te manejas son «neurotípico»...

N: «Neurotípico», «neurodiverso»...

P: «Necesidades especiales»...

N: «Necesidades especiales», «diversidad funcional», «discapacidad»...

P: ¿No te suena mal?

N: No, probablemente porque me he criado con él. A mis hijos, que crecen con el concepto «diversidad funcional» es posible que «discapacidad» les chirríe mucho.

P: No obstante, en los trámites, en los papeles institucionales, parece ser que sí se usa esa terminología.

N: Sí. Se pide la «discapacidad», este aún es el término común. Quizá, dentro de muchos años, cuando alguien lea este libro, ya habrá desaparecido y nadie sabrá a qué nos referimos al usarlo. Ojalá.

P: Tampoco se habla ya de «minusvalía», creo que está en desuso.

N: Exacto. Ese término apenas se utiliza, o al menos yo no lo oigo.

P: «Discapacidad» parece que habla de una diferencia en las capacidades, ¿no?

N: Realmente, la palabra «discapacidad» yo la entiendo como «menos capacidad». Y por eso se busca cambiarla por «diversidad funcional». Es un concepto más inclusivo en el que no se pone de manifiesto quién tiene más o menos capacidad de algo.

P: No sé si es cultural, si es cosa de este país en concreto, pero parece que estamos en un momento de revisión de conceptos. Supongo que es una forma de actuar frente a un daño causado por el lenguaje, después de que haya gente que haya dicho «Basta».

N: Y es lo que ha pasado. El autismo se ha utilizado como insulto para referirse a niños que son más independientes. Recuerdo que una vez, hará dos años, estaba con Manuela en la escuela infantil y una madre le dijo a su hija, que no le hacía caso: «Pero, bueno, ¿qué pasa, que eres autista?». Mi cara: un poema.

Obviamente, esto tiene que desaparecer. No puede, en ningún caso, emplearse como un insulto. Y si nos paramos a pensarlo, hay muchas expresiones que se usan peyorativamente, como cuando alguien dice: «¿Qué pasa, que estás sordo?». Está igual de mal.

P: Sí, pero, claro, si tiras de ahí puedes encontrar tantas cosas...

N: Exacto. Y a cada uno le duele lo suyo. Justo por eso no lo vamos a pasar por alto.

P: Si a cada uno le duele lo suyo, a lo mejor es más fácil que cada uno cultive un poco esa sensibilidad, más que pretender imponer conceptos amables en general.

N: Creo que mi manera de exponerlo en las redes también busca ayudar en ese sentido. Contar la experiencia, decir: «Mira, me ha pasado esto». La gente, de verdad, es empática y sabe ponerse en la piel de los demás –en este caso, en mi piel, cuando cuento este tipo de anécdotas–. Y es que para mí no deja de ser una anécdota que puede que ocurra con alguien que en su vida ha oído hablar del autismo, y no me puedo enfadar, porque no tiene la información.

P: Es que ya no se trata solo de sensibilidades con el lenguaje, sino de actitudes ante el autismo en general, dado también que cada vez hay más casos.

N: Según la ONU, en 2022 una de cada cien personas en el mundo es autista.

P: Y, sin embargo, no parece que sea algo que esté tan presente. No se habla mucho de ello en los medios, no se ven adaptaciones...

N: Sinceramente, creo que es algo que no vende. Y no se busca invertir en ello.

P: Pero, bueno, no vende... Hay muchas campañas de concienciación o de visibilidad de cosas que no venden.

N: No lo sé... Siento que existe un abanico muy grande de necesidades especiales y que hay algunas que no se tratan tanto. O puede que no las vea tanto porque no me tocan a mí. Lo que sí sé es que debería haber más presencia positiva. Si de pronto saliera una noticia con un enfoque positivo, en la que se revelara que un político es autista, o aparecieran actores, *celebrities*, con un diagnóstico de adultos, eso sería un gran empuje para el colectivo. Sería una forma de normalizarlo.

P: Creo que hace poco compartiste la foto de un paso de cebra con pictos.

N: Sí, cada vez hay más, y es algo que me alegra y me enorgullece, por cierto. Cada día recibo muchos mensajes en Instagram de seguidores que pasean por la calle, ven un paso de cebra con pictos y se acuerdan de nosotros. Es maravilloso.

P: ¿Eso en Madrid?

N: En Madrid los he visto en varias localidades. Pero no es lo más habitual.

P: ¿Pictos bien planteados?

N: Exacto, eso quería comentarlo. Una cosa son los pictos que todos conocemos que indican QUÉ es algo, y por otro lado están los pictos funcionales, que indican CÓMO debe utilizarse algo, o qué reglas sociales se esperan de las personas en esa situación. Esos pictos funcionales son muy útiles porque, en muchas ocasiones, los peques con autismo no saben cómo utilizar algo o qué se espera de ellos observando un simple picto. Estas secuencias son maravillosas y les ayudan muchísimo.

P: Eso me lo has comentado ya, no tiene sentido que un picto te explique lo que ya estás viendo, sino que debe anticipar cuál va a ser la experiencia que tendrás.

N: Eso es. Y así era en el paso de cebra: tres pictos que indicaban «espera», «mira» y «cruza».

P: Cada vez que te escucho hablando de pictos, me entusiasmo. Sería muy útil para la sociedad en general contar con ellos.

N: Sí, es útil para todos los niños. De hecho, en el curso de Mateo hay pictos en todas las clases, independientemente de que haya peques con autismo o no, porque es más comprensible para todos. De hecho, incluso sus agendas contienen pictos.

P: ¿Cuándo llegaron los pictos a tu vida?

N: Cuando Mateo tenía añito y medio, por ahí. Me acuerdo de que el primer picto fui yo. El primer picto fue una foto mía [*sonríe*].

P: Qué guay.

N: Luego, una foto de su padre, otra de un tren y otra de agua. Le preguntábamos «¿Quién es mamá?», o «¿Quién es papá?», y él tenía que señalar. Nos servía sobre todo para ver su nivel de compresión. Nos los hicieron todos en el centro donde Mateo hacía terapia. Fuimos ampliando y pedimos pictos de los abuelos, y luego de cosas como pan, galletas, cuentos, construcciones... Y más adelante, poco a poco, las acciones. A mí los pictos de las acciones me parecían superdifíciles. Una vez asimilada la dinámica de los pictos, llegó la **tirafrase**, que consiste en colocar los pictos de manera que construyan una frase, como «Mamá quiero agua».

P: **Es decir que es prácticamente un lenguaje.**

N: Es un lenguaje.

P: **¿Hay algún referente público, algún político, que se esté esforzando por visibilizar y normalizar el autismo? ¿No hay nadie? ¿No hay ningún referente más allá del mundo de los *influencers*?**

N: Que yo sepa, no. Hay asociaciones que pueden llevar un poquito más la delantera, pero a nivel de las instituciones nos quedamos más colgados.

P: **¿Y tampoco existe una gran asociación, como la Asociación Española contra el Cáncer, por ejemplo?**

N: Existe Autismo Madrid y Autismo España, Arasaac en Navarra... pero no estoy muy segura de si hay algo más.

P: Volvamos al tema de la *normalidad*. Tengo la impresión de que cada vez se diluye un poquito más ese concepto tan incómodo de *lo normal*. Cuerpos *normales*, trabajo *normal*, vida *normal*... Cada vez molesta a más gente, me da la impresión. ¿Hay alguna web o alguna *influencer* de referencia que consideres que trata muy bien este tema?

N: Natalia de @crecer_contigo, Pilar de @casaazulcolombia y Tati de @autismoenpositivo_. Probablemente sean mis tres referentes. También me gusta mucho cómo lo visibiliza Sara de @mujeryautista; todo lo que cuenta me resuena. El otro día, me encantó algo que dijo: «Que no te dé un abrazo no significa que no me gusten». Yo también necesito contacto físico, pero en momentos puntuales y de personas concretas. Explica muy claramente cómo puede sentirse un adulto con autismo, y tiene una manera amable de describir situaciones complejas en el mundo de los autistas. Hay una serie de cuentas que también destacaría: Magüi de @mindfulautismamma o @mihermanoluca, de Caty Serna, que publicó un corto sobre el autismo que se puede ver en YouTube y es precioso, se titula *Mi hermano Luca*, y existe también la versión libro dirigido a niños para explicar el autismo. El día 2 de abril, que es el día mundial por la visibilización del autismo, siempre descubro cuentas y personas que aportan muchísimo al autismo y lo impulsan también mucho.

P: ¿Dirías que está cogiendo fuerza, esa fecha?

N: Sí.

P: ¿Crees que esa visibilidad es mundial?

N: Sí.

P: ¿Y qué tenemos que aprender de las cuentas que mencionas? ¿En qué cosas van por delante?

N: Natalia de @crecer_conmigo, que es de Venezuela, tiene un aplomo y una calma increíbles hablando sobre esto. Y un discurso tan bien asentado que no da lugar ni a preguntas. Lo que he aprendido de Natalia es a anticiparme no a mi hijo, sino al resto de la gente. Anticiparse es muy importante porque la gente no tiene por qué saberlo. Llegué a ella por algo que hacía antes de montarse en un avión con su hijo con autismo: ideó unas pequeñas tarjetas que entregaba a los pasajeros que iban en las filas de delante y de detrás de la suya en el avión; en ellas, explicaba que su hijo tenía autismo y que el mejor regalo que podrían hacerles a ella y a su hijo era tener paciencia si este se ponía nervioso. Me parece una herramienta maravillosa para evitar malentendidos. Es una estrategia fantástica para que el entorno que desconoce la situación empatice.

P: Otra cosa que me llama muchísimo la atención es tu capacidad de buscar, aprender y aplicar. Me doy cuenta de lo valioso que es recoger información elaborada por gente que ya ha vivido esta experiencia.

N: Y probablemente ese es el objetivo de este libro.

P: ¿Sí? ¿Te has planteado que el objetivo de este libro es que la gente aprenda?

N: Creo que con el libro estamos dando calma, que llega para suavizar el interior de muchas personas, muchas madres o familiares o profesores o personas que tengan cerca a una persona autista y que necesiten o bien acompañar a alguien que esté pasando por esto o bien sentirse comprendidos. Hay algunas cosas a las que he llegado por mi propio racionamiento, pero también hay argumentos que he escuchado de otros, que me han parecido muy válidos, y que defiendo y transmito porque me son muy enriquecedores.

P: Hay una cuestión que se nos ha quedado a medio contestar. Para el próximo 2 de abril, ¿estás trabajando en algo?

N: Algo tendré que pensar. Esta respuesta es válida sea cual sea el año en que alguien esté leyendo este libro. Yo siempre estoy pensando en hacer más [*ríe*].

P: Creo que podemos cerrar este capítulo con una pregunta que en realidad estás respondiendo constantemente y que es sobre tu actitud ante el TEA. Creo que estás fomentando un espíritu que podría resumirse en «calma, normaliza y actúa».

N: Quiero transmitir acompañamiento y comprensión. Toda con la que a mí me hubiera gustado encontrarme cuando iniciamos este camino. El autismo es algo para toda la vida y, como todo, requiere pasar por muchas fases. Así que calma. Día a día.

12
INFLUENCER

P: Empezaremos por el día en que hiciste pública la presencia de autismo en tu casa. Ya sabemos por qué no lo habías compartido antes y también qué es lo que te impulsó a hacerlo, pero vamos a resumir cómo y cuándo te decides a hacerlo.

N: Al principio, con la noticia del diagnóstico, quería protegerle porque pensaba que le iban a estigmatizar, o que podía afectarle negativamente, que la gente lo supiera. Realmente tenía muy poca información. En plena pandemia, y aún confinados, Borja me dijo que Carlos Herrera le había mandado un mensaje por Twitter para invitarle a participar con Mateo al especial del 2 de abril en su programa de radio. Como es un programa de gran difusión, le dije a Borja que, si lo hacía, me llegarían preguntas. Lo hablamos y decidimos hacerlo público en Instagram también. Es cierto que, a pesar de que me empeñaba en sacar determinadas cosas y no sacar otras, yo ya recibía muchísimos mensajes sobre Mateo, siempre muy respetuosos, de personas que me decían que sentían que tenía algunas dificultades.

Otro motivo por el que decidí decirlo fue que, para mí, el día 2 de abril era un día muy emotivo; cuando se acercaba, mi comunidad no entendía por qué lloraba «sin motivo». No es que llorara de pena, es que la noticia del autismo me removió entera, yo no sabía muy bien qué era lo que estaba afectando a mi hijo. Decidí preparar un vídeo. Me senté delante de la cámara y empecé a hablar. Ahora, cuando lo veo, pienso que hablaba con más serenidad y con más entereza en ese vídeo que en muchos otros que le siguieron.

Para mí fue muy liberador poder explicar qué estaba sucediendo en casa, porque no quería ocultar nuestra condición: yo lo aceptaba y para mí Mateo era genial. Lo cierto es que la acogida fue absolutamente descomunal. Tengo recuerdos muy vagos de ese momento porque ha pasado bastante tiempo, pero sí recuerdo que la gente se volcó y el vídeo se viralizó. Fue el que ha tenido más interacción de mi historia. A partir de ese momento, realmente el contenido de mi cuenta cambió y la percepción que la gente tenía del autismo empezó a cambiar también. Y es que había cuentas que hablaban específicamente del autismo, pero ninguna *no específica*, como la mía.

P: ¿Ese vídeo se puede ver? ¿Sigue colgado en el canal?

N: Sí, está colgado en el canal. Y siento que estará ahí toda mi vida, porque para mí marca un antes y un después.

P: Es un primer plano de ti. Una narración que se puede incluso transcribir.

N: Sí, justo, está el 2 de abril de 2020.

P: Sales con una camisa azul.

N: Fue mi guiño hacia el color con el que habitualmente se representa al autismo.

P: Volviendo al inicio: ¿cómo llega esa emisora de radio a contactar a Borja y cómo saben que tiene un hijo con autismo?

N: Porque Carlos Herrera hizo alusión al día del autismo, y no sé si compartió también algún vídeo, y entonces Borja habló con él. Le contó nuestra realidad, que teníamos un peque con autismo. Supongo que, como él es siempre positivo, a Carlos le debió de llamar la atención, intercambiarían algunos mensajes y surgió la propuesta. El resultado es muy bonito: se oye a Mateo cantando, es la voz de un niño de cuatro años, y eran probablemente las primeras palabras que pronunciaba –hasta entonces no había hablado– con su típica lengua de trapo, que tanta ternura me producía.

P: Entonces, ¿Borja intervino en directo y le puso el micro a Mateo para que entrara en directo y todo el mundo lo pudiera oír?

N: Creo que sí. No lo tengo claro. No sé si fue una grabación o un directo.

P: Sigamos con la publicación de tu vídeo. Lo subes y generas un pequeño tsunami en tu cuenta.

N: Sí. Tal cual.

P: ¿Cambia la concepción que tu comunidad tiene de ti?

N: Creo que sí. Creo que fue un cambio porque pasaron de ver a una madre con dos peques que entra dentro de la *normalidad* de las familias que me seguían a, de pronto, ver una maternidad diversa de la que no había dado pistas durante los últimos años, de la que no había hecho ningún comentario. Empezaron a llegar muchas familias con peques con autismo que se preguntaban cómo lo había llevado durante todo ese tiempo –las terapias, los logopedas, todo...– sin que nadie se diera cuenta. Pero es que yo tenía muy claro qué era lo que quería sacar de Mateo y qué no, y hasta aquel momento estaba convencida de que eso no era lo mejor para él. Luego me di cuenta de que me equivocaba...

P: Estoy seguro de que también hubo gente que dijo: «Lo sabía».

N: Sí. Le diagnosticaron con dos años y ese vídeo lo hice cuando tenía cuatro. Pasé mucho tiempo midiendo mi contenido, y aunque escogía bien qué experiencias publicaba de Mateo, su hermana sí aparecía, y me parecía injusto que de pronto él no saliera. Durante esos años recibí muchos comentarios, tanto de profesoras como de psicólogas, siempre con muy buenas palabras y con mucho tacto, en los que decían que veían algunos rasgos en Mateo y me preguntaban si tenía un desarrollo típico. Mi respuesta siempre consistía en sostener que cada niño tiene su ritmo, pero me di cuenta de que a los profesionales les bastaban apenas unos minutos para identificar que tenía un desarrollo neurodiverso.

P: Tenían el ojo acostumbrado, como puede que lo tengas tú ahora. ¿Cuánto tiempo necesitas? ¿Cuánto tiempo te hace falta para detectar a un niño como Mateo, con autismo?

N: Ahora me basta con muy poco tiempo, apenas unos minutos de observación, para identificarlo. Pero no es ninguna proeza: cualquier madre con un niño autista podría hacerlo. Sara, de @mujeryautista, y Cristina, de @maestraenelespectro, dos de los perfiles que sigo sobre autismo, hablan del «*autisradar*». Es un término que se han inventado ellas y viene a decir que tenemos el ojo hecho para detectar el autismo en alguien cuando lo vemos de cerca. Quizá por cómo se mueve, cómo se comunica o cómo no se comunica, o incluso por las posturas que adopta.

P: ¿Crees que alguien que no tiene el autismo tan cerca como tú puede llegar a desarrollar esa capacidad? ¿Crees que podríamos llegar a identificar a los niños y niñas con autismo como lo haces tú?

N: Es complejo porque se necesita información. Una persona con autismo, salvo que tenga una afectación motora muy severa, una paralización del cuerpo o muchos problemas de coordinación, no es tan fácil de identificar a simple vista como ocurre con otros síndromes. En el físico de Mateo no hay nada que te pueda dar una pista; solamente cuando procuras tener comunicación con él. Me han escrito un par de dependientas para decirme que, gracias a lo que cuento y lo que enseño, han identificado algo en un peque que ha entrado en sus tiendas, y que han intentado acompañarlo y ayudar a los padres con tranquilidad. Aun así, estos se ponían nerviosos... Es algo que nos pasa a los padres de peques con necesidades especiales, sobre todo cuando son un poco revoltosos, siempre parece que andamos pidiendo perdón por todo.

Lo que intento decir es que, para mí, es increíble que por mostrar mi realidad pueda estar ayudando a una familia que entra en una tienda en Cantabria, en Cataluña o en Andalucía. Que se encuentren con una persona que, al menos, los sepa tratar. Para mí esto es impresionante.

P: Supongo que esa avalancha que generaste en tu canal fue, sobre todo, muy positiva y de mucho apoyo.

N: Sí, fue completamente positiva. No recibí ni un solo mensaje negativo. Estaba agobiada porque pensé que la gente podía sospechar que lo compartía para ganar notoriedad, cuando realmente yo no estaba ganando nada, todo lo contrario: estaba exponiendo mi vida y mis sentimientos. Desde entonces, siempre he hablado de cómo me siento como madre e intento respetar mucho la vida de Mateo, su privacidad, y si grabo vídeos de él siempre son imágenes que le dignifican y en las que puedo explicar un avance o crecimiento determinado. Me consta que eso ayuda a muchas personas. A veces tengo la sensación de que él es la cara visible de la realidad de muchas familias.

P: ¿Las primeras veces que lo compartías generaron en ti algún tipo de miedo? ¿Quizá estabas demasiado acostumbrada a ocultarlo y te asustó que pasara a ser público?

N: Cuando tomo una decisión, la tomo con todas sus consecuencias. Y, si me he equivocado, lo asumo. En este caso, nunca he pensado que me haya equivocado por hablar de su condición. Y es que sigo recibiendo cantidad de mensajes de madres que encuentran en nuestra realidad mucho consuelo. Aunque es algo que no debería hacerse, sin querer comparan a sus hijos con Mateo y se preguntan si tendrán el mismo desarrollo o será diferente. Yo misma lo hago: cuando veo adultos autistas, siempre me pregunto si Mateo será como ellos, si tendrá esos rasgos, si hablará de la misma manera... Si yo hubiera tenido un referente en las redes, una madre con un hijo autista, hubiera entrado en su cuenta cada día para ver cómo son. Las cuentas que he ido mencionando a lo largo del libro hacen que me vea entendida, reflejada y acompañada.

P: Y un año y pico después de esto, comunicas en un programa de televisión que te has hecho las pruebas y que a ti también te han diagnosticado autismo. ¿Qué diferencia hubo entre cuando comunicaste el autismo de Mateo y cuando hiciste lo propio con el tuyo?

N: En ambos casos tenía mucho miedo de que mis seguidores o la gente en general pensara que lo hacía para subirme al carro de algo o para ganar notoriedad. Desde que fui a ese programa no he ganado ni un solo euro de más. Económicamente, no me ha beneficiado en nada contar mi condición. Lo conté porque creí y creo que, compartiéndolo, puedo ayudar a muchas mujeres. Como pasó la otra vez, tampoco he recibido comentarios negativos. Bueno, excepto uno: alguien en una cuenta decía que estaba invisibilizando a los autistas severos. Hizo unas publicaciones con mi foto y unos comentarios bastantes fuertes, la verdad. Decidí hablar con ella y me encontré con una madre absolutamente desbordada, que tenía una hija con autismo severo. En fin, creo que contar mi diagnóstico de adulta no solo no ha perjudicado a nadie, sino que ha beneficiado a muchas mujeres, que además son las grandes invisibilizadas en el autismo. Les ha ayudado a replantearse su propia condición y su propia realidad, porque cuando yo lo conté a mucha gente, de pronto, les resonó todo lo que dije y les animó a someterse también a las pruebas. Algunas con resultado positivo, otras con negativo. También es cierto que lo conté, pero mi contenido no ha cambiado, yo sigo hablando exactamente de lo mismo.

P: Si no me equivoco, lo contaste en el programa *Las uñas*, de ATRESplayer, en su quinta temporada. Y una de las cuestiones que te lanzó la entrevistadora, es que, si resulta que tú eres autista, entonces el autismo definitivamente no es lo que la mayoría creíamos.

N: Claro, eso ocurre. Yo tengo una profesión en la que estoy más o menos expuesta, tengo que acudir a eventos, tengo un lenguaje correcto y puedo pasar más o menos desapercibida. Entonces, una persona que no ha oído hablar de autismo en su vida, más que en la peli *Rain Man*, de pronto me ve a mí y piensa que yo no puedo ser autista. Lo que dije en el programa es que, a lo mejor, el autismo no es lo que nos habían contado, y que el espectro es tan amplio que por eso pasó de llamarse «autismo» a «trastorno del espectro autista», porque tiene tal cantidad de parámetros que se manifiesta en cada persona de una manera distinta. Yo tengo mi forma de afrontarlo, de capear mis capacidades y mis limitaciones. Soy yo la que sufre una resaca emocional después de haber asistido a un evento, la que no tolera muy bien el estrés... Hay una serie de rasgos que todavía estoy aprendiendo cómo me afectan. Una vez más nos topamos con la falta de información.

P: De alguna forma ya lo has dicho, pero quiero retomarlo y aclararlo bien: ¿hay un antes y un después a partir de tu diagnóstico?

N: Hay un antes y un después para mí, en un sentido más íntimo. No en las redes. Intento tener más conciencia de la gestión de mis sentimientos, y he aprendido a respetarme mucho más y a no transigir en temas en los que antes era más flexible, porque ahora entiendo por qué me cuestan. Si a mi hijo no le hago pasar por determinadas situaciones que le cuestan, por qué hacérmelo a mí.

P: Cuando empezamos a trabajar en el libro, tú tenías muy claro que no eras una cuenta de referencia, pero de eso hace más de un año.

N: Sí.

P: Después de todo este tiempo y de muchas conversaciones en las que no pretendemos más que hablar de ti y de tu experiencia, ¿no habría que reconocer que ahora sí eres una cuenta de referencia dentro de la comunidad del autismo?

N: No lo sé y me da un vértigo terrible esa afirmación.

P: ¿Tú te consideras la *influencer* del autismo?, aunque suene extraño.

N: Han pasado muchas cosas en el último año. Me siento mucho más cómoda hablando sobre ello, tengo más tablas, y noto que el resto de la gente también está más cómoda con el tema, pero, como no es mi contenido principal, me siento un poco impostora. Hay cuentas que se lo están currando mucho, que hacen estudios, que se forman y dan formación, que generan un contenido específico sobre el autismo y que ayudan muchísimo. Todas esas cuentas tienen muchísimo valor. Yo realmente lo único que hago es mostrar mi vida dentro del autismo. Lo poco que puedo enseñar es desde mi experiencia. Aunque voy haciendo cursos, intento leer, informarme, no tengo una formación académica al respecto. Eso me lleva a no sentirme con el derecho a considerarme un referente.

P: Entonces, ¿quién dirías que es la gran *influencer* del autismo en español a nivel mundial?

N: No sabría decirte tampoco.

P: De acuerdo. ¿Qué cuentas puedes recomendar a tus lectores?

N: Hay varias cuentas, pero para mí imprescindibles las de Natalia, de @crecer_contigo, Pilar, de @casazulcolombia, Tati, de @autismoenpositivo_. Está también Caty Serna, que hace poco ha hecho un documental precioso sobre el autismo, o @madredeloinfinito. Hay muchísimas que lo están haciendo muy bien, y que son mis referentes, en las que entro a buscar algo y digo: «¡Qué bien hecho está esto! ¡Qué bien pensado! ¡Qué bien planteado!». De hecho, tanto @crecer_contigo como @casazulcolombia hacen una formación específica que se llama Escuela de Padres basada en el método del RDI, similar a la crianza respetuosa pero enfocada al autismo. Son ocho semanas en las que de lo que se trata es de suscitar un cambio de mentalidad en los padres para ayudarles en la relación con sus hijos autistas. Yo la he hecho y es maravillosa, te dan herramientas para trabajar con tu hijo. Yo no busco ser terapeuta, ni ser logopeda: busco ser una madre que sabe llegar a su hijo y creo que para enseñarte cómo conseguir eso ellas son maravillosas. Tati, de @autismoenpositivo_, también ha creado un curso de formación de disciplina positiva aplicada al autismo en el contexto de la crianza respetuosa, y es extraordinario. Otra cuenta muy interesante es @mindfulautism mama, de Magüi, que es española, pero vive en Canadá. Su hijo es un poco mayor que Mateo, así que en ella muchas veces encuentro un referente de lo que podrían ser los próximos años de Mateo.

P: Antes has dicho que prácticamente la mitad de los mensajes que recibes tienen que ver con peticiones de ayuda en algún sentido.

N: O desahogo…

P: ¿Cómo qué?

N: Desde madres que sospechan que su hijo pueda tener autismo hasta otras que están en el momento más duro del duelo, cuando lo ves todo muy oscuro y sientes que no tienes con quién hablar porque nadie te entiende, pasando por familias en las que se rompe la pareja después del diagnóstico porque los dos miembros no consiguen interiorizarlo a la misma velocidad. También madres que se ven incapaces de afrontarlo. Estas últimas a veces me dicen cosas como que ven la fortaleza que tengo o cómo le hablo a Mateo, cómo le trato, y que les encanta...

Y yo siempre pienso que, por mucho que nadie te diga nada, el instinto de una madre nunca, nunca, nunca falla. Sea autista, sea neurotípico, el instinto te saldrá con tu hijo. Más de una vez he dicho que he tenido dos maternidades, que he sido madre primeriza dos veces: cuando nació Mateo porque era primeriza primeriza y, luego, cuando nació Manuela, porque me encontré con la maternidad que esperaba vivir con Mateo y fue una maternidad totalmente diferente.

Volviendo a quiénes me escriben: mamás que están muy desconsoladas, muy perdidas, y en mi perfil encuentran normalidad en una situación que ellas sienten que les viene grande. También me encuentro con profesoras y con familiares que reconocen en Mateo al hijo de una amiga o a algún sobrino, que quieren decirles a las madres que al niño le pasa algo, pero no se atreven por miedo a su reacción. O profesoras que ya lo han hecho, ya se lo han comunicado a una madre, y que su reacción ha sido de enfado y ha sacado al niño de la escuela infantil. Estas profesoras me piden consejo sobre cómo comunicarlo. A veces me cuentan que les han recomendado mi cuenta. Me encuentro con mucho desconsuelo, mucho, y a la vez mucho acompañamiento y mucha empatía. Hay mucha diversidad de comentarios.

P: Entiendo que todo esto acrecienta tu vocación de servicio a una comunidad que hasta ahora no es tal, no existe como tal. Una comunidad de gente para poder dar visibilidad al autismo, para formar a la sociedad, para generar recursos...

N: Claro. Es que es evidente que este recurso no existe y es necesario, muy necesario, y más, dado el incremento de casos.

P: Primero Mateo, luego tú... ¿Eso ha hecho que sientas presión por dirigir tu contenido hacia la temática del autismo?

N: Eso es algo que me he planteado, sí. He tenido épocas en las que he compartido mucho sobre autismo y otras en las que menos. Y si hay algo que me ha dejado más tranquila es que comparto muchas cosas y llego a una gran cantidad de gente, pero el porcentaje más alto de mis seguidores no tiene nada que ver con el autismo y, si bien aprenden y les llega información, cuando entran en mi cuenta buscan otro tipo de contenido. Yo no puedo ni busco cambiar todo mi contenido. Mi objetivo es un *lifestyle*, una vida positiva, una vida con valores, con un propósito y con humor. Una vida de madre en la que también hay esta parte. Por eso decidí crear una cuenta de Instagram alternativa que se llama @madretea_, y dar cabida en ella, sin miedo a pensar que estaba colapsando mi cuenta principal, a la temática del autismo. Ahí busco ser más específica. Y aunque @noemimisma sigue teniendo contenido sobre autismo, porque siempre incluyo alguna reflexión en ese sentido, prefiero hablarlo en profundidad y compartir mucha más información en esa otra cuenta.

P: ¿El autismo hace que tú estés considerada de una forma especial? ¿Crees que las marcas te ven como abanderada de un colectivo que les puede interesar comercialmente?

N: Actualmente, no. No he tenido ningún trabajo en el que el propósito haya sido visibilizar el autismo ni ha ocurrido que una marca se haya fijado en mí por eso, cosa que creo que sería positiva para ellos, por otra parte.

P: Hace unos meses publicaste el vídeo de una de las campañas más grandes que has hecho hasta ahora, la de L'Oréal Paris. Un pedazo de anuncio en el que compartes protagonismo con otros tres perfiles muy potentes en este país. Es como un racimo de grandes *influencers*. ¿Crees que quien haya seleccionado los perfiles sabe que tú eres autista?

N: No lo sé, pero la razón por la que estoy ahí nunca ha sido el autismo, seguro.

P: **Supongamos que no lo sabía y que se ha enterado a raíz de esa gran campaña. ¿Qué implicación tiene? ¿Significa que te estás convirtiendo en una de las primeras autistas o, a lo mejor la primera, en protagonizar una campaña de belleza?**

N: Nunca me había parado a pensar en ello, pero qué maravilla que el autismo empiece a dar noticias tan positivas en los medios, ¿no?

P: **No sé si tú tienes líneas rojas...**

N: ¿Respecto al autismo y la exposición en las redes? El autismo ha dejado momentos complicados en casa que no me parecen un contenido para compartir. Esas son mis líneas rojas. A lo mejor peco de enseñar la parte positiva y no la parte negativa. Ni siquiera es negativa, simplemente es la parte más difícil. No intento endulzarla, solo contarla sin tener que exponer a mi hijo. Hay cosas que no cuento, para mí esas son mis líneas rojas. Hay una parte que creo que ayudaría a las madres a que se sintieran entendidas y que pudieran decir: «Noe también se desborda». Pero es que no es que yo me desborde de vez en cuando: yo me desbordo muchas veces. Tanto por el autismo de Mateo, como por el mío, como por la mezcla de los dos. Para mí las líneas rojas aparecen si algo compromete la dignidad de mi hijo.

P: **Este año te has lanzado a grabar un pódcast en el que entrevistas a algunas de las personas que para ti son referentes sobre autismo en este país, y en él sí que estás contando cosas que en tus otras redes no compartes.**

N: En realidad es un contenido mucho más específico. Quien vaya a consumir el pódcast es muy probable que esté viviendo el autismo o que esté muy cerquita de él. Además, no tiene la misma dimensión que Instagram; es más pequeño, más íntimo, y lo cuento con mi propia voz. Suelo relatar cosas que han pasado y que he sentido, y lo abordo desde la perspectiva de cómo me he sentido y cómo lo he superado, más que sobre qué ha hecho o dejado de hacer mi hijo.

Recuerdo que hace poco hablé con una madre y me dijo –quiero pensar que realmente no me quería decir eso– que el autismo de su hijo era lo peor que le había pasado. Se me rompió el alma en mil pedazos, porque tú puedes decir que es lo más difícil, lo más duro, pero no que es lo peor. Lo peor que te puede pasar es una enfermedad degenerativa, una pérdida. Hay cosas mucho más fuertes. Y no es que pretenda consolar diciendo que esto es menos malo. Simplemente creo que el enfoque, y esa es mi máxima, tiene que ser ayudar a la gente y que se sienta acompañada. Por eso, aunque en el pódcast sí hablo sobre los momentos más críticos que he vivido, cuento la situación y enseguida voy a cómo me he sentido yo, porque cada peque con autismo reacciona de una manera distinta, pero los sentimientos como madre prácticamente siempre son los mismos.

P: Retomando el hilo: creo que hace un año no tenías la solidez o la entereza que tienes ahora a la hora de expresarte. ¿Te sientes más legitimada para hablar del autismo? ¿Darías una charla o harías una ponencia sobre el tema?

N: Sí, pero siempre desde el punto de vista de mi experiencia como madre, nunca como una experta. No podría hacer una ponencia sobre qué es el autismo, qué afectaciones neurológicas tiene, cuál es su desarrollo, cuáles son las señales... Y es cierto que durante este año he ganado en tablas y me siento más segura al hablar de esto, porque me he dado cuenta de que cada vez que lo hago en las redes hay una avalancha de mensajes de madres que se sienten muy acompañadas, y para mí esa es la mayor de las recompensas. A mí me hubiera encantado tenerlo.

P: Uno de los cambios que han tenido lugar en los últimos meses es que has empezado a formarte en RDI. ¿Cómo valoras esa formación?

N: Sí. «**Relationship Development Intervention**» o RDI. Ha sido una primera incursión a través del curso Escuela de Padres que imparten Natalia y Pilar, de @esdeautismo. Me ha gustado mucho. Me ha ayudado a tranquilizarme en muchas circunstancias y momentos que antes me bloqueaban, me ha hecho entender cómo funciona el cerebro de Mateo y que esto es una carrera de fondo. He comprendido que no todo es inmediato y he ganado en paciencia. Cuando te dan un diagnóstico de autismo, nadie te explica nada. El RDI es un método de abordaje en terapia centrado en la familia. Sobre todo, lo que potencia es la relación entre el menor o adolescente con autismo y las personas de apego o con las que pasa más tiempo. Digamos que la terapia que se hace con el PT, luego en casa la potencias aún más porque has aprendido a comunicarte mejor con tu hijo, y eso contribuirá a que la relación avance y a estimularle. Y es que tenemos también la responsabilidad de formarnos, no hay otro camino. Más aún si, lamentablemente, en este país no existe un acompañamiento profesional, un terapeuta subvencionado. Todo eso hay que pagarlo, es muy caro y no todas las familias pueden permitirse tener un terapeuta en su casa cuatro horas al día. Por eso, como madre o padre te toca formarte, sí o sí.

P: Hace falta mucha determinación para involucrarse en esa terapia. Supongo que habrá padres que no querrán por miedo a que les desborde.

N: Yo lloraba en la formación. Teníamos una webcam y a veces me la quitaba porque me sentía muy identificada con lo que decían, con situaciones, y lloraba. Allí cada uno habla de su experiencia, y a mí, por ejemplo, me desborda mucho ver a otras madres hablar sobre el autismo cuando estaban muy sobrepasadas, sin fuerzas. Reconozco que yo no he tenido que hacer un esfuerzo extra para integrar el autismo, lo he asumido de manera natural. Y me imagino lo duro que tiene que ser no poder asumirlo y ver cómo tu hijo o tu hija, la persona a la que más quieres en el mundo, convive con una condición que para ti es tan desbordante.

P: Desde que conoces tu diagnóstico, ¿hay alguna nueva norma en tu entorno familiar o de amistades? ¿Les has pedido un cambio de enfoque?

N: No. Como he dicho, todavía estoy en el proceso de aprender a respetarme más a mí misma y a no colocarme en situaciones que sé que me desbordan. Pero todavía me cuesta exponérselo a los demás. Si decido irme de algún sitio del que me quiero ir, pues lo hago sin dar explicaciones. Y si no quiero ir a un sitio, pues no voy, pero, aunque yo sepa cuáles son las razones, no suelo compartirlas. Es decir que no, todavía no he llegado a exponer a los demás cuáles serían mis límites. Yo creo que los voy teniendo claros, pero aún no estoy en la fase de compartirlos.

P: Me consta que hay gente que no entiende cómo puedes, por un lado, hablar de tu diagnóstico y de tus limitaciones, que ahora conoces, y, por el otro, permitirte una cierta agenda social, de eventos... No entienden que no renuncies a esa vida pública que supuestamente no te hace bien. Incluso hay quienes no se creen tu condición y sospechan que puedas estar haciéndolo por darte importancia.

N: Para tener mi momento de gloria. Sí, lo sé.

P: ¿Y qué opinas?

N: Que la gente es libre de pensar lo que quiera. No tengo intención de convencer a nadie de nada. Yo sé cuál es mi realidad y también qué necesito para sentirme bien. La gente ve mi agenda, que estoy en eventos, en reuniones. Lo que no ven es que a mí eso me deja reventada y que yo luego tengo que pasarme dos días metida en la cama porque no me puedo mover. Mi cerebro entra en un *shutdown*, un desbordamiento absoluto por estrés..., me colapso. Antes de tener el diagnóstico, esto me pasaba y lo achacaba a que quizá me faltaban vitaminas o al ejercicio o a dormir poco. Ahora me doy cuenta de que no, que a mí la exposición social me pasa factura. Lo que pasa es que no puedo renunciar a ella, y más cuando es la fuente de ingresos en mi casa, a lo que me dedico. Lo voy haciendo como buenamente puedo. Y quien piense que todo esto lo hago para ganarme un minuto de gloria, allá él. Yo sé cuál es mi realidad, la realidad de mi casa.

P: El día del autismo se ha implantado en tu agenda con fuerza. Se aproxima la fecha y me pregunto, ¿qué toca este año?

N: Me remueve muchísimo. Soy un tsunami de emociones para bien, para mal, con fuerza, con ansiedad, con... Me siento con la presión de ser siempre rompedora, hacer algo impresionante, algo increíble, para darle a ese día la importancia que merece. No lo hago por reconocimiento, todo lo contrario. Para mí es, ante todo, un homenaje a todas las familias que me siguen y que se sienten acompañadas, a mi hijo y a mí misma por superarme a mí misma, en mi propio trabajo y en mi propia vida. Por ejemplo, en 2022 preparé tres vídeos para publicar el día 2 de abril. Consistían en explicar un mismo día de nuestras vidas, pero desde tres puntos de vista: el de Mateo, el de Manuela y el mío. Fue muy bonito y la gente entendió muy bien cómo es nuestra cotidianidad.

P: Para cerrar: me da la impresión de que cada vez hay más colectivos que reivindican su condición, su particularidad. ¿Crees que formas parte de esa corriente?

N: Probablemente. Aunque yo veo diferenciación en todo. Una vez más repito que, cuando digo que el autismo me ha hecho mejor persona, es que también me ha hecho mucho más abierta de mente. Cada uno tiene su realidad y no hace falta que tengas un trastorno o una condición especial para que así sea y para respetar que cada uno es como es, y que a cada uno le gustan las cosas que le gustan, y reacciona a las cosas como reacciona. No tiene sentido querer meternos a todos en el mismo saco, ni pensar que salimos del mismo molde. En mi casa, el autismo nos ha enseñado que todos somos diferentes y que, dentro de nuestras capacidades, todos podemos llevar una vida igualmente plena.

CONCLUSIÓN

Yo viví todo el diagnóstico de mi hijo desde el mismo lugar que probablemente lo estés viviendo tú. Y hubiera llorado muchísimo si hubiera encontrado un testimonio de una madre con la que me hubiera encontrado comprendida, entendida y acompañada.

En aquel entonces, me hubiera gustado saber que, al final, nuestra nueva realidad no daba tanto miedo y que confiar en mi hijo era el único camino hacia la tranquilidad.

Todavía hoy día se me quiebra la voz al hablar de él. A ti te pasará también con el tuyo. Y te puedo confirmar que la razón por la que se nos saltan las lágrimas es por el orgullo de ver cómo son, cómo trabajan y cómo se esfuerzan por entender algo para lo que no estaban preparados al nacer. Dadle su espacio, su tiempo y sobre todo vuestro amor.

No te voy a engañar y te voy adelantando que las dudas y las incertidumbres siempre van a estar, no desaparecen nunca. Y lo que más horas de sueño te va a quitar es el miedo a que nuestros hijos disfruten de una vida plena.

Pero si algo me llevo en estos años de aprendizaje es que «la vida plena» es cosa de cada uno. Y lo que tú consideras como vida plena, quizá para tu hijo o para tu hija es absolutamente diferente. Y tiene tanta validez de «plenitud» como el de otro cualquiera. Respétale mucho.

Regálale por exceso tus abrazos, tus besos y todos los «te quiero» del mundo, porque créeme que lo entienden, por encima de cualquier idioma. Porque quizá no se comunique en la forma como tú creías que lo haría, pero el lenguaje del amor no tiene límites y ellos también se sienten queridos y protegidos por su familia. Y estoy segura de que eso también contribuye a su desarrollo.

Confía, aunque te rompas a veces.

Y ama. Hasta el infinito.

AGRADECIMIENTOS

A Mateo, por enseñarme a amar como mamá neurodiversa por primera vez.

A Manuela, por enseñarme a amar como mamá neurotípica por primera vez.

A Mar, mi madre, por ver que yo era diferente y hacerme sentir tremendamente especial.

A Soraya, mi hermana, porque estás enseñándole a mis hijos que pueden ser lo que quieran, incluso en otro lugar muy diferente del de su casa.

A Rafa, por tu entusiasmo desde nuestra primera llamada en este proyecto, las largas horas de entrevistas y de lágrimas, por creer en este testimonio y en mí, y por acompañarme en todo el proceso.

A Curro, por tu sinceridad y tu cariño desde la primera intervención, y tu comprensión y paciencia con nuestro aprendizaje.

A Borja, porque somos y seremos siempre un equipo en esto.

A Teresa, por acoger y potenciar este libro como propio. Por ofrecer tu mano en la crisis.

A Susana, por ser mi mano derecha cada día.

A Natalia y Pilar, por enseñarme tantas cosas sobre la maternidad neurodiversa, vuestra serenidad y valentía.

A Marina y Nayra, las maestras de Mateo cuando tenía un añito, que detectaron las primeras alertas de autismo, por su cariño y amor en transmitirnos un mensaje tan difícil.

A mis amigas, Ely y Jessi, por ser mi soporte, mi hombro y por acompañarme en cada momento.

A María Jesús, Ainhoa y Eugenio, por ser la familia que siempre hubiese querido para mis hijos.

A Estefi, por su cariño desde nuestra primera conversación y su tiempo para este prólogo.

A todas las personas con las que me he cruzado desde que inicié este camino de la neurodiversidad. De todas he aprendido, lo que aplica y lo que no.

A todas las personas que trabajan (o han trabajado) y potencian a Mateo cada día: Carla, Bea, Laura, Marta, Marina, Tati, Ana, Teresa y Sofía. Todos sus profesores y especialistas. Sois tremendamente importantes para nosotros.

A Irene, mi editora, y a Teresa, por su entusiasmo, entrega y criterio en este proyecto.

Por supuesto, a las doscientas cincuenta mil personas que hoy en día formáis parte de una comunidad increíble con la que me siento tremendamente agradecida y sin la que nada de esto sería posible.

GLOSARIO

ADAPTACIÓN CURRICULAR: estrategia educativa dirigida a estudiantes con necesidades educativas especiales (*véase más abajo*), que consiste en adecuar el currículum de un determinado nivel para hacer que todos o algunos de sus objetivos y/o contenidos resulten accesibles a esos alumnos. El fin de la adaptación curricular es que ese colectivo pueda explotar al máximo sus capacidades y a la vez seguir una educación ordinaria durante el mayor tiempo posible.

AGENTE SOCIAL: profesional que, conociendo las normas, valores y modelos de comportamiento de la sociedad, facilita a una persona su integración en la sociedad, es decir, a sentirse incluido y aceptado por el grupo al que pertenece.

ALTA DEMANDA: términos que se utilizan para denominar a los niños más activos, sensibles y de temperamento fuerte cuya crianza suele exigir mayor atención e intensidad por parte de los adultos.

ALTAS CAPACIDADES: de esta forma se denomina a los niños y niñas que muestran un elevado rendimiento en algunas áreas cognitivas, creativas o artísticas. También suelen manifestar facilidad en las relaciones sociales y capacidad de liderazgo.

ATENCIÓN TEMPRANA: en la edad más precoz (antes de los seis años) y ante niños y niñas que presentan retrasos en su desarrollo, Atención Temprana se encarga de llevar a término las intervenciones que pretenden dar respuesta lo antes posible a las necesidades de esos pequeños y de su entorno.

AULA TEA: aula especializada para acoger al alumnado con trastornos del espectro autista (TEA).

AUTISMO (O TEA) DE ALTO FUNCIONAMIENTO: términos de uso informal aplicados a personas con trastornos del espectro autista (TEA) con un nivel de respuesta cognitiva alto y una buena conducta adaptativa, por ejemplo, en el contexto del aula educativa (a diferencia de la interacción social en general). Algunos especialistas lo llaman también «síndrome de Asperger».

CASA NIDO: la vivienda familiar cuando, en el contexto de un divorcio, los progenitores acuerdan que sus hijos permanezcan en el hogar conjunto y sean ellos quienes no convivan en él durante unos días, según la periodicidad pactada.

COMORBILIDAD: presencia de dos o más trastornos en una misma persona.

COMUNICACIÓN GLOBAL: forma de comunicarse que implica la utilización de pictogramas e imágenes además del lenguaje verbal.

CRECOVI: estas siglas corresponden al Centro Regional de Coordinación y Valoración Infantil de la Comunidad de Madrid, lugar donde se encuentra centralizada la gestión y valoración de los niños y niñas para determinar si tienen necesidades especiales de Atención Temprana, discapacidad, dependencia, etc.

CRIANZA CON APEGO: crianza basada en los principios de la llamada «teoría del apego», que sostiene que un fuerte enlace emocional con los progenitores (o con al menos un cuidador principal) favorece el buen desarrollo del niño o la niña: su independencia, seguridad, sociabilidad, comportamiento...

CRIANZA RESPETUOSA: crianza opuesta a la que popularmente se identifica con la *mano dura*, basada en el cuidado firme pero amoroso con la mirada puesta en la empatía y el querer entender al niño o niña y sus necesidades.

DAT (DIRECCIÓN DEL ÁREA TERRITORIAL): órgano directivo de una de las zonas o *áreas* en que se divide una comunidad autónoma para facilitar su gestión administrativa. En la comunidad autónoma de Madrid, por ejemplo, existen cinco: norte, oeste, sur, este, capital.

DIFICULTAD EN LOS PARÁMETROS SOCIALES: se aplica a quien no comprende fácilmente las reglas implícitas en la conducta social general y, por lo tanto, tiene dificultades para actuar y reaccionar según lo que el resto del grupo o comunidad suele esperar.

DISCAFOBIA: aversión obsesiva a personas con discapacidad o en situación de dependencia.

DISCAPACIDAD: según la Real Academia Española (RAE): «Situación de la persona que, por sus condiciones físicas o mentales duraderas, encuentra dificultades para su participación e inclusión social».

DISCIPLINA POSITIVA: corriente educativa que rechaza el castigo como clave educativa y promueve la idea de respeto, de tal modo que el adulto no desarrolle un sentido de pertenencia respecto a los niños o niñas, sino de vínculo y conexión con ellos.

DIVERSIDAD FUNCIONAL: concepto aplicable a toda la sociedad (en la que cada individuo es *diverso* por cuanto tiene diferentes capacidades), así como a la persona que a lo largo de su vida también *funciona* de manera *diversa*. Se utiliza también como denominación más correcta para la identificación de la *discapacidad* (*véase más arriba*) o *minusvalía*, como concepto de perspectiva más amplia y connotaciones menos peyorativas.

ECOLALIAS: perturbación del lenguaje que consiste en repetir involuntariamente una palabra o una frase que la persona acaba de oír o pronunciar. Dentro del trastorno del espectro autista se distinguen ecolalias inmediatas (aquellas que el individuo ha escuchado inmediatamente antes) y ecolalias retardadas o diferidas (las que se repiten después de un tiempo, ya sean segundos, minutos o incluso años).

ECONOMÍA DE FICHAS: en autismo, técnica que se basa en el intercambio. La emisión de la conducta objetivo se verá recompensada con un reforzador generalizado en forma de fichas, que posteriormente puede ser intercambiado por reforzadores apetecibles para el sujeto.

EQUINOTERAPIA: tratamiento basado en la interacción con el caballo, donde sus movimientos y reacciones funcionan como apoyo terapéutico para la persona que presenta algún trastorno o enfermedad física y psíquica.

ESTEREOTIPIA: movimiento involuntario, generalmente coordinado y rítmico, que se repite siguiendo siempre un mismo patrón –es decir, de forma estereotipada–, como balancear el cuerpo, autoacariciarse o cruzar y descruzar las piernas. Suele asociarse a los trastornos del espectro autista (TEA).

GENOTIPO: la secuencia de ADN que presenta cada individuo y cuya singularidad lo define frente a los demás. Es, por lo tanto, una información genética independiente de cualquier otra característica externa o ambiental.

HIPERSENSIBILIDAD: reactividad extrema, en la que el organismo percibe algo como sustancia extraña y reacciona con una respuesta inmunitaria exagerada o inapropiada. En el autismo, se manifiesta en ocasiones sensibilidad extrema a los sonidos, las luces, los sabores, las texturas, etc.

HISTORIA SOCIAL: relato corto, de no más de ciento cincuenta palabras, e individualizado que se utiliza al tratar a una persona con TEA para aclarar situaciones difíciles o confusas. Es una herramienta sencilla y eficaz mediante la que se muestra cómo reaccionar y con la que se pretende evitar las conductas disruptivas y rebajar los momentos de angustia.

INTEGRACIÓN SENSORIAL: el proceso mediante el cual nuestro sistema nervioso central recibe todas las sensaciones que le llegan a través de los sentidos, las interpreta y organiza para dar lugar a respuestas adaptativas. En el autismo, esta interpretación por parte del cerebro suele estar alterada y, por lo tanto, también la respuesta ofrecida está alterada.

INTEGRADOR/ORA SOCIAL: técnico que interviene en un grupo social para ofrecer ayuda psicológica a colectivos o personas en situación de desventaja. Puede asistir en el entorno educativo, apoyar en la gestión doméstica, ejercer una mediación comunitaria, etc. Integra a un sujeto dentro de un grupo.

INTELIGENCIAS MÚLTIPLES: concepto asociado a la teoría desarrollada en 1983 por el psicólogo estadounidense Howard Gardner según la cual la inteligencia no sería un conjunto unitario sino una red de unidades autónomas más o menos relacionadas. Según él, se puede hablar, así, de distintas inteligencias igual que se establecen distintas capacidades y potenciales en el ser humano. Hoy por hoy, se han distinguido doce tipos distintos de inteligencias: lingüístico-verbal, lógico-matemática, visual-espacial, musical-auditiva, corporal-quinestésica, interpersonal, intrapersonal, naturalista, emocional, existencial, creativa y colaborativa.

INTERESES RESTRINGIDOS: interés inusualmente intenso y circunscrito a patrones de comportamiento, intereses y actividades restringidos, repetitivos y estereotipados.

ISLOTES DE CAPACIDAD: son algún tipo de habilidad muy potente que presentan algunas (¡no todas!) personas con autismo. Como, por ejemplo, mostrar excelentes capacidades de memoria visual o grandes capacidades para el dibujo, la música, las matemáticas, etc.

LOGOPEDA: profesional encargado de diagnosticar, tratar y prevenir las alternaciones y trastornos relacionados con la comunicación, el lenguaje oral o escrito, el habla y su articulación, la voz, la audición y las funciones orofaciales (deglución, masticación, etc.).

LOMCE: siglas de la Ley Orgánica para la Mejora de la Calidad Educativa aprobada en 2013 y derogada posteriormente por la Ley Orgánica de diciembre de 2020.

MAMÁ TEA: madre de un niño con trastorno de espectro autista (TEA).

MAESTRA O MAESTRO PT: profesora o profesor de pedagogía terapéutica (PT, *véase más abajo*) especializado en educación especial y cuya finalidad es facilitar la integración en el aula del alumnado con necesidades educativas especiales.

NECESIDADES EDUCATIVAS ESPECIALES (NEE): en el entorno educativo, se refiere a los alumnos que requieren apoyo y atención específica por tener unas capacidades –ya sea de orden físico, psíquico, cognitivo, sensorial o de conducta– distintas a las ordinarias en el resto del aula.

NEURODIVERSO: también conocido como neurodiversidad, se refiere a las personas que tienen condiciones como dislexia, dispraxia, déficit atencional con hiperactividad (TDAH) o que pertenecen al espectro autista. El concepto fue creado en la década de 1990 por varios activistas por los derechos de las personas con autismo, para defender precisamente que esta condición no era una enfermedad sino una forma distinta de procesar el conocimiento.

NEUROTÍPICO: en general, dentro la comunidad autista, esta palabra se utiliza para identificar a cualquier persona que no presenta rasgos dentro del trastorno del espectro autista (TEA).

PANEL DE INFORMACIÓN: herramienta que permite presentar información de manera muy gráfica, normalmente expuesta de forma visual a través de imágenes o pictogramas.

PICTO (O PICTOGRAMA): imagen, figura o signo que representa un objeto o una acción y mediante el que, sumado a otros, se comunica algo sin necesidad de utilizar la lengua escrita o hablada.

PRUEBA DE POTENCIAL EVOCADO (PE): También llamada «prueba de respuesta evocada», es una herramienta de diagnóstico utilizada para medir el tiempo que tarda el cerebro en responder a varios estímulos de los diferentes sentidos, entre ellos, la vista, el oído y el tacto.

PRELOGOPEDIA: conjunto de ejercicios y prácticas dedicadas a estimular las áreas de la comunicación en la edad más temprana (*véase más arriba*) de los niños y niñas.

PROPIOCEPCIÓN: capacidad que tiene nuestro cerebro para saber la posición exacta en que se encuentran todas las partes de nuestro cuerpo en cada momento.

PSICOTERAPIA: tratamiento que imparte un profesional de la salud (psicólogo o médico normalmente) a partir del análisis de los trastornos psicopatológicos de un paciente para intentar mejorar su comportamiento y salud física y psíquica.

PT (O PEDAGOGÍA TERAPÉUTICA): área de especialización de la enseñanza dedicada a atender, de forma personalizada, a los niños y niñas que manifiestan unas necesidades diferentes a las del resto.

RASGOS TEA O DE AUTISMO: señales en el comportamiento asociadas con el trastorno del espectro autista (TEA), como dificultades para utilizar y comprender comportamientos no verbales, juegos de simulación o simbólicos, falta de empatía o emoción, etc.

RDI (O INTERVENCIÓN PARA EL DESARROLLO DE LAS RELACIONES SOCIALES): la intervención para el desarrollo de las relaciones sociales (RDI por su nombre en inglés: *Relationship Development Intervention*) es una metodología aplicada a la relación de padres y madres con niños y niñas con TEA. Se basa en la participación de los progenitores proporcionándoles herramientas que faciliten la referencia emocional, así como la inteligencia y comunicación dinámicas (es decir, que les permitan adaptarse a los cambios modificando estrategias y planes de forma rápida).

REFERENCIACIÓN: dentro de la RDI, suele llamarse así a la capacidad de utilizar un sistema de retroinformación emocional que permita aprender de las experiencias subjetivas vividas por otros. A la capacidad para ser consciente de lo que está ocurriendo en ese momento en el entorno y por lo tanto actuar en consecuencia. Contextualización del comportamiento.

RETRASO MADURATIVO: término que se aplica a los niños y niñas cuyo desarrollo cognitivo no sigue la misma velocidad que el resto; es decir, cuyos objetivos de neurodesarrollo no se alcanzan a la edad cronológica que les correspondería según la media general.

SECUENCIA: serie de elementos que guardan relación entre sí y mediante la cual se transmite un mensaje. En el lenguaje hablado sería equivalente a la frase; en las personas con dificultades en la comunicación oral o escrita, esta suele construirse a través de imágenes o pictos (*véase más arriba*).

SEÑALÉCTICA: conjunto de señales que informan de algo, así como la parte de la comunicación visual que estudia las relaciones existentes entre los signos de orientación en el espacio y el comportamiento de las personas.

SÍNDROME DEL SABIO: en personas con alguna discapacidad mental, es la manifestación de una capacidad superior a la media general en el desarrollo de ciertas habilidades, como la memorización, la hipercalculia, la interpretación de mapas o la composición musical.

TDAH (TRASTORNO POR DÉFICIT DE ATENCIÓN E HIPERACTIVIDAD): alteración neuronal por la que una persona sigue una conducta impulsiva e hiperactiva y tiene dificultades para prestar atención y concentrarse, entre otros problemas.

TEA (TRASTORNOS DEL ESPECTRO AUTISTA): son trastornos del neurodesarrollo que se caracterizan por las deficiencias persistentes en la comunicación social e interacción en diversos contextos, y los patrones restrictivos y repetitivos de comportamiento, intereses o actividades.

TEST M-CHAT (O CUESTIONARIO M-CHAT): serie de preguntas en torno al comportamiento de un niño o niña muy pequeño (entre dieciséis y treinta meses de edad) dirigida a verificar el riesgo de que padezca un trastorno del espectro autista (TEA).

TIRAFRASE: unión de determinados pictos (*véase más arriba*) que realiza el niño o la niña con TEA para comunicarse, formando un mensaje.

TOC (O TRASTORNO OBSESIVO COMPULSIVO): trastorno caracterizado por un patrón de pensamiento no deseado (una *obsesión*) que provoca la repetición *compulsiva* de un comportamiento, un gesto o una acción, que finalmente puede interferir en las actividades cotidianas y causar sufrimiento emocional.

TRIBUNAL MÉDICO: órgano responsable de evaluar las limitaciones que tiene una persona para actuar o trabajar de forma ordinaria. En el caso de los menores de edad, suele depender de un centro de valoración y orientación especializado, donde se atiende a las familias, se valoran los grados de discapacidad y se orienta respecto al acceso a prestaciones sociales y económicas.

VESTIBULAR: el sistema o aparato vestibular se encuentra ubicado en el oído interno del ser humano y es el responsable del equilibrio y el control espacial. Formado por dos ensanchamientos (el utrículo y el sáculo), ambos informan de la posición de la cabeza en relación con el suelo.

BIBLIOGRAFÍA

LIBROS CITADOS O RECOMENDADOS:

Barnett, Kristine, *La chispa: un relato materno sobre educación, genialidad y autismo*, Aguilar, Barcelona, 2016.

Codina, Sara, *Neurodivina y punto: 40 años siendo autista y yo sin saberlo*, Lunwerg, Barcelona, 2023.

Frith, Uta, *Autismo. Hacia una explicación del enigma*, Alianza Editorial, Madrid, 2019.

González, Alejandra, *TEA*, Pintacoda Ediciones, Zaragoza, 2019.

Grandin, Temple, *El cerebro autista*, RBA, Barcelona, 2014.

Guerrero López, José Francisco, y Ana Paula Zaragoza Moyano, *El hombre que recogía monedas con la boca: una visión diferente del autismo*, Ediciones Aljibe, Málaga, 2017.

Gutiérrez Molero, Jéssica, *Hola, me llamo Blus*, autora-editora, Barcelona, 2021.

Haddon, Mark, *El curioso incidente del perro a medianoche*, Salamandra, Barcelona, 2011.

Higashida, Naoki, *La razón por la que salto*, Roca Editorial, Barcelona, 2014.

Llorente, María, y Juan Martos, *El niño al que se le olvidó cómo mirar: comprender y afrontar el autismo*, La Esfera de los Libros, Madrid, 2017.

Maleval, Jean-Claude, *El autista y su voz*, Gredos, Barcelona, 2011.

Prizant, Barry M., *Seres humanos únicos: una manera diferente de ver el autismo*, Alianza Editorial, Madrid, 2018.

Rovira, Álex, y Fernando Trías de Bes, *La buena suerte*, Urano, Madrid, 2016.

Serna, Catalina, y Greta Haaz (ilustradora), *Mi hermano Luca*, autora-editora, 2017.

Silberman, Steve, *Una tribu propia. Autismo y asperger: otras maneras de entender el mundo*, Ariel, Barcelona, 2019.

Szatmari, Peter, *Una mente diferente: comprender a los niños con autismo y síndrome de Asperger*, Paidós, Barcelona, 2013.

Tammet, Daniel, *Nacido en un día azul. Memorias de un genio autista*, Blackie Books, Barcelona, 2018.

Tuya, Melisa, *Tener un hijo con autismo*, Plataforma Editorial, Barcelona, 2017.

VV. AA., *El autismo explicado a los no autistas: los trastornos del espectro autista (TEA) en 55 preguntas y respuestas*, Ediciones Invisibles, Barcelona, 2020.

SELECCIÓN DE PELÍCULAS Y SERIES:

Amor en el espectro autista, de Cian O'Clery (dir.), Northern Pictures, Australia, 2019.

As We See It, de Jason Katims (cread.), Amazon Studios, Estados Unidos, 2022.

Extraordinary Attorney Woo (Woo, abogada extraordinaria), Yoo In-shik (dir.), AStory, Corea del Sur, 2022.

Float (Vuela), de Bobby Rubio (dir.), Pixar Animation Studios, Estados Unidos, 2019.

Rain Man, de Barry Levinson (dir.), United Artists, Guber-Peters Company, Mirage Entertainment y Star Partners, Estados Unidos, 1988.

The Speedcubers, de Sue Kim (dir.), Romano Films, Wieden+Kennedy y Salt Water Productions, Estados Unidos, 2020.

Selección de webs de consulta:
Autismo diario: https://autismodiario.com
Confederación Autismo España: https://autismo.org.es
Asociación ALTEA: https://www.asociacionalteaalmeria.org
Arasaac Navarra: https://arasaac.org/

La mayoría de las Comunidades Autónomas tienen su propia federación de autismo, por ejemplo:
Autismo Castilla y León (http://autismocastillayleon.com)
Autismo Madrid (https://autismomadrid.es)
Federación Autismo Andalucía (https://www.autismoandalucia.org)
Federació Catalana d'Autisme (https://fedcatalanautisme.org)

Perfiles de Instagram:
@autismoenpositivo
@crecer_contigo
@madretea_
@mihermanoluca
@mindfulautismmama
@soymamavaliente
@teresaconesencia